Lene Mayer-Skumanz
Fabian wartet auf Weihnachten

Patmos

Die Deutsche Bibliothek – CIP-Einheitsaufnahme

Mayer-Skumanz, Lene:
Fabian wartet auf Weihnachten: Geschichten und Gedichte
für die Weihnachtszeit / Lene Mayer-Skumanz.
Mit Bildern von Heribert Schulmeyer. – 3. Aufl. –
Düsseldorf: Patmos, 1998
ISBN 3-491-79466-8

© 1995 Patmos Verlag Düsseldorf
Alle Rechte vorbehalten
3. Auflage 1998
Umschlaglitho: Brockhaus, Wuppertal
Innenlitho: RCL Service, Düsseldorf
Satz: Fotosatz Moers, Mönchengladbach
Druck und Verarbeitung: Druckerei zu Altenburg
ISBN 3-491-79466-8

Lene Mayer-Skumanz

Fabian wartet auf Weihnachten

Geschichten und Gedichte
für die Weihnachtszeit

Mit Bildern von
Heribert Schulmeyer

Patmos

Inhalt

Warten

Fabian sitzt auf der kleinen Bank im Vorzimmer, gleich neben der Eingangstür. Er ist fertig angezogen, Stiefel, Anorak, Mütze genau richtig für einen kühlen Novemberabend. Sogar einen Schal hat er sich umgebunden, der Mama zuliebe. In der Hand hält er den Stab mit seiner Martinslaterne. Er hat sie selber gebastelt, beinah ganz allein: Mond und Sterne ausgeschnitten und auf das Transparentpapier geklebt. Die Oma hat nur das Gehäuse aus Karton gemacht und gesagt: »Nächstes Jahr, wenn du in die Schule gehst, schaffst du auch das Gestell allein – «

Fabian wird warm und wärmer in seinem Anorak. Oma, beeil dich! Warum kommt die Oma nicht?

Vom Kinderzimmer her tönt Geschrei, durchdringend, jämmerlich. Dann die Stimme der Mama, ganz sanft: »Aber, aber, huschelwuschel, wiegelwagel, sumserum.«

Fast ein Lied. Früher, als Fabian noch klein und ohne Babyschwester war, hat die Mama das Huschelwuschel-Lied für ihn gesungen. Sie hat ihn in die Arme geschlossen und hin- und hergewiegt, wie jetzt die Anna.

Fabian spürt, wie ihm noch heißer wird. Seine Augen brennen, und im Hals hat er ein komisches

Gefühl. Dort sitzt ein Knoten oder so. Dort drückt
es. Fabian schluckt.
Seine Schwester Anna hat Bauchweh oder Hunger oder Langeweile. Wenn sie an Mamas Brust
getrunken hat, muß man sie herumtragen und
warten, bis sie gerülpst hat. Wenn Anna rülpst,
freut sich die Mama und ruft: »Bravo!« Wenn
Anna nicht rülpst, klopft Mama sie zart auf den
Rücken. »Na komm doch, mach dein Bäuerlein!«
Gestern beim Abendessen hat Fabian auch ein

schönes, starkes Bäuerlein gemacht, da ist der Papa zusammengezuckt. »Rülps nicht, Fabian!« Der Papa hält nicht viel aus in letzter Zeit. Weil er tagsüber im Büro vor dem Computer sitzt und in den Nächten Anna herumträgt. Denn irgendwann braucht auch die Mama ihren Schlaf. Anna ist noch ziemlich neu, erst drei Wochen alt. »Geduld, Geduld«, hat die Mama gesagt. »Bis Weihnachten sind wir eingewöhnt, Anna wird durchschlafen, es wird eine wunderbare Zeit!«

Bei der Oma hat sich Fabian erkundigt, wie lange es bis Weihnachten dauert. Sie hat es ihm genau erklärt: Erst das Martinsfest mit dem Laternenumzug. Dann Adventskranzbinden. Dann am ersten Adventssonntag die erste Kerze. Dann der Nikolaus. Weihnachtsmarkt auf dem Platz zwischen Rathaus und Dom. Kekse backen. Zweite, dritte, vierte Kerze. Noch mehr Kekse backen. Sterne für den Christbaum falten. In keinen Schrank schauen dürfen. Mit Geschenkpapier rascheln. Es wird eine wunderbare Zeit …

Fabian schwitzt.

Hat die Oma ihn vergessen? Sie wollte ihn doch mitnehmen zum Martinsumzug.

Die Mama kommt ins Vorzimmer, mit Anna auf den Armen. Anna schläft. Die Mama flüstert: »Zieh den Anorak aus, um Himmels willen. Du darfst nicht verschwitzt in die Kälte hinaus. Sonst verkühlst du dich und steckst mir womöglich auch die Anna an.«

Fabian sagt: »Mir ist überhaupt nicht warm. Und die Oma kommt gleich.«

»Wer weiß«, sagt die Mama. »Hat sie nicht heute ihren langen Tag? Sie muß doch auch ihre Kinder zum Martinsfest bringen.«

Omas Kinder – das sind Schulkinder. Die Oma ist Lehrerin und leider noch nicht in Pension. »Wenn sie nur schon in Pension wäre«, hat der Papa geseufzt. »Dann hätten wir es leichter.«

Dann könnte die Oma nämlich bei der kleinen Anna helfen. Der Opa lebt schon lange nicht mehr, Fabian hat ihn nie gekannt. Andere Familien haben zwei Omas und zwei Opas, und falls die noch alle in die Arbeit gehen, ist wenigstens eine Uroma da. Uromas sind praktisch. Sie holen Ur-enkel aus dem Kindergarten ab und sitzen neben Babybetten, wenn die Mama einkaufen muß. Das weiß Fabian von Thomas aus dem Neunerhaus.

An ihren kurzen Schultagen holt die Oma Fabian zu Mittag aus dem Kindergarten. An ihrem langen Schultag geht Fabian mit Christa und Christas Opa nach Hause. Christas Opa bringt Fabian bis zur Wohnungstür im zweiten Stock, zur Sicherheit, wie er sagt. Aber in den letzten zwei Wochen wollte Fabian nicht jeden Tag in den Kindergarten gehen. Er ist einfach nicht aufgestanden. Er hat

Bauchweh bekommen. Er wollte Kamillentee aus der Babyflasche trinken und nicht Kakao aus der Tasse. Er hat geschrien: »Ich will auch bei meiner Mama sein.« Da hat die Mama nachgegeben. »Soll er halt zu Hause bleiben, ab und zu. Sonst wird er noch eifersüchtig auf seine Schwester ...«

Fabian spürt, das wäre seinen Eltern nicht recht. Nein, nein, er ist nicht eifersüchtig, Anna kann ihm auch noch gar nichts wegnehmen, kein Auto, kein Bilderbuch, nicht einmal den Stoffhasen. Das kommt erst später, meint Christa. Später sind kleine Schwestern dann fürchterlich.

Zuerst einmal muß man froh sein, daß ein Baby gesund ist. Es ist nämlich nicht selbstverständlich, daß Kinder gesund auf die Welt kommen, sagt die Oma. Schau dir nur meine Kinder an ...

In Omas Schulklasse sind lauter Kinder, die einen Schaden davongetragen haben. Zwölf behinderte Kinder. Manche sitzen im Rollstuhl. Manche können nicht sprechen. Aber lesen und schreiben lernen sie alle bei der Oma, mit Computer nämlich. Dann ist die Oma ganz glücklich.

Jaja, es ist schon gut, daß die Anna rundherum gesund ist. Gesund, aber laut. Sie ist ganz langsam in Mamas Bauch gewachsen. Sie haben lange auf sie warten müssen. Sie ist zum Knutschen süß, wenn sie in Mamas Armen schläft. Und noch viel süßer, wenn sie in ihrem Babybett schläft.

»Fabian, jetzt zieh den Anorak aus. Wer weiß, wie lang du noch auf die Oma warten mußt.«
Fabian fängt an zu schluchzen. Die Martinslaterne schaukelt hin und her.
»Fabian, bitte, sei leise. Weck mir die Anna nicht.«
Fabian weint leise. »Lang warten ist scheußlich«, flüstert er.
»Kommt darauf an«, sagt die Mama sanft. »Bald ist Advent, die große Wartezeit. Warten auf Weihnachten, auf den Geburtstag des Jesuskindes. Advent heißt Ankunft, weißt du. Die Mutter Maria hat ja auch auf die Ankunft des Jesuskindes warten müssen. So wie wir auf Anna.«
»So lang?«
»Ja, denn etwas Lebendiges und Schönes braucht Zeit zum Wachsen. Wenn man das bedenkt, ist Warten nicht so scheußlich, was? Überhaupt, wenn man gemeinsam wartet. Du und ich, wir warten jetzt zu zweit.«
Fabian seufzt. »Sing mir ein Wartelied«, bittet er.
Mama singt halblaut. Dann schlägt das Telefon an. Blitzschnell greift die Mama nach dem Hörer. »Ja bitte?« Sie horcht und sagt: »Das ist sehr freundlich von Ihnen. Also dann in fünf Minuten.«
Sie legt den Hörer auf und sagt zu Fabian: »Das war der Herr Mario. Oma hat ihn gebeten, daß er dich abholt. Sie kann noch nicht weg. Ist es dir recht, wenn der Herr Mario dich zur Oma bringt?«

Fabian nickt. Der Herr Mario ist ein guter Bekannter von der Oma, ein alter Mann, dem die Pizzeria an der Ecke gehört. Fabian war schon oft mit der Oma dort essen.

»Nur noch fünf Minuten warten«, sagt die Mama.

»Kurz warten ist spannend«, sagt Fabian, nimmt die Mütze vom Kopf und zieht den Anorak aus.

Das Martinsfest

Im Osten der Stadt, in der Nähe des Trabrennplatzes, liegt auf einem kleinen Hügel das Kloster St. Raphael. Vor dem Haus breitet sich ein Platz mit hohen Bäumen aus. Dort ist ein Holzstoß aufgeschichtet für das Martinsfeuer. In seinem warmen Schein wird der heilige Martin dem Bettler begegnen.

Herr Mario fährt mit Fabian auf den Parkplatz.

»Guckst du auch zu, Herr Mario?« fragt Fabian.

»Ja«, sagt Herr Mario. »Ich bin schon neugierig. Es ist mein erstes Martinsfest. Bei uns zu Hause hat es so was nicht gegeben.«

Er holt sein Feuerzeug heraus und zündet die Kerze in Fabians Laterne an. Dann gehen sie zu den Leuten hinüber, die im Kreis um den Holzstoß warten.

Die Kinder aus dem Kindergarten sind alle da, mit ihren Eltern oder Großeltern. Auch die Oma ist schon da mit ihren Schulkindern. Sie winkt Fabian. »Hallo, Fabian! Willst du mit uns gehen oder mit deinen Freunden?«

Fabian überlegt. Ein Junge im Rollstuhl lacht ihn an. Ein Mädchen mit Schienen an den Beinen zwinkert ihm zu. Fabian kennt sie fast alle. »Ich gehe mit euch.«

14

Schon fängt das Holz zu brennen an, kleine blaue und gelbe Flammen springen von Scheit zu Scheit, es knistert und prasselt. Die Kinder reihen sich in den Festzug, erst die kleineren, dann die Schulkinder, dann Omas Klasse mit den Rollstuhlfahrern.

Fabian geht neben der Oma her, die einen Jungen im Rollstuhl schiebt. Da kommt noch ein Kind gelaufen, die Laterne in seiner Hand schaukelt, das Kerzenlicht läßt schneeweiße Gänse und einen Reiter auf schneeweißem Pferd erstrahlen. Fabian erkennt erst die Laterne, dann das Kind. Es ist die Christa aus seiner Gruppe.

»He, Fabian, ich will doch mit dir gehen! Du Blödmann, warum warst du nicht im Kindergarten? Du hast mir gefehlt!«

Fabian wird rot, aber das kann man im Dunkeln nicht sehen. Zum Glück muß er nicht antworten, weil unter den Bäumen etwas Weißes aufblitzt und die Leute rufen: »Er kommt! Er kommt!«

Auf seinem Schimmel kommt Sankt Martin geritten. Er trägt einen Helm auf dem Kopf und ein Schwert am Gürtel. Von seinen Schultern weht ein großer weißer Umhang, ein Soldatenmantel. Martin reitet einmal geschwind um den Platz herum, dann lenkt er sein Pferd an die Spitze des Zuges. Die Kinder fangen zu singen an. Der Schimmel geht artig im Schritt, fast scheint er zu schweben, so anmutig setzt er Huf um Huf auf die Erde. Die Erwachsenen filmen und fotografieren.

Nach einer Runde ums Feuer stellen sich die Kinder im Halbkreis auf. Der Schimmel steht still wie ein Standbild. Vor seinen Füßen aber kriecht etwas Dunkles, richtet sich auf, hebt die nackten Arme. Ein Bettler ist das, ein armer Mann, der Sankt Martin um Erbarmen anfleht.

»Hilf mir, Soldat! Reit nicht an mir vorüber! Sieh doch, wie elend ich bin! Hab Mitleid!«

»Ich hab kein Geld mehr, armer Mann!« antwortet Sankt Martin. »Ich hab schon alles hergeschenkt. Was könnte ich dir geben? Warte, da fällt mir etwas ein.« Er nimmt seinen Umhang von den Schultern, packt sein Schwert – und ratsch! trennt er den weißen Stoff in zwei Teile.

»Nimm den halben Mantel, armer Mensch, und wickle dich hinein, dann mußt du nicht mehr frieren.«

»Danke, du guter Mann«, sagt der Bettler und verschwindet mit dem halben Mantelstück in der Dunkelheit. Sankt Martin aber ist sehr müde geworden. Das merkt jeder, weil Martin gähnt. Er steigt vom Pferd, klopft ihm auf den Hals, holt einen Apfel aus der Satteltasche und hält ihn auf der flachen Hand dem Schimmel zur Belohnung hin. Dann kauert sich Sankt Martin zum Schlafen auf den Boden, er breitet seinen halben Mantel wie eine Decke über sich. »Lang war der Ritt, spät ist die Nacht, ich wünsch auch dir gute Ruh, lieber Schimmel.«

Sofort schläft Sankt Martin ein, in der Stille kann man seine Atemzüge hören, er schnarcht sogar ein bißchen.

Da tritt im goldenen Feuerschein ein Mann in langem Gewand auf Martin zu. Über seinen Schultern trägt er den halben Mantel.

»Martin, du siehst mich in deinem Traum. Ich bin Jesus, dein Freund und Herr. Schau, ich trage dein Mantelstück. Denn was du dem Ärmsten der Armen geschenkt hast, das hast du mir geschenkt.«

Die Gestalt taucht wieder in die Dunkelheit zurück, Martin aber wacht auf. »Was für ein wunderbarer Traum. Von nun an will ich allein Jesus dienen.«

Der Schimmel scharrt mit dem Vorderfuß, er ist einverstanden, Martin steigt auf und reitet eine Runde um das Feuer. Als er wieder zu den Kindern kommt, hält er einen großen Sack in seiner Hand. Nun darf jedes Kind zu Sankt Martin gehen und einen Weckmann holen, das ist eine Figur aus süßem, weißem Brot.

Fabian spürt auf einmal, wie hungrig er ist. Das Wasser läuft ihm im Mund zusammen. Er schluckt und schluckt. Er könnte auf der Stelle zwei Weck-

männer essen. Endlich ist er an der Reihe. Er
fürchtet sich nicht vor dem Schimmel. Ganz nahe
geht er an Sankt Martin heran, streckt die Hand
aus und bekommt seinen Weckmann. Mmm, wie
er duftet! Er drückt den Weckmann an sich,
klemmt den Laternenstab unter den Arm und
streckt die andere Hand aus.

»Bitte noch einen für meine Schwester!«

Sankt Martin greift noch einmal in seinen Sack.

»Oh, ist deine Schwester krank?«

»Sie liegt zu Hause«, sagt Fabian, und das ist
schließlich wahr.

Schnell rennt er zur Oma zurück. Christa hat
ihrem Weckmann schon ein Bein abgebissen. Sie
kaut und sieht Fabian von der Seite an.

»Hör mal, deine Babyschwester darf doch den Weckmann noch gar nicht essen?«

»Darf sie auch nicht«, sagt Fabian. »Drum esse ich beide. Endlich ist meine Schwester einmal zu etwas gut.« Er lacht und gibt der Oma die Laterne zu halten. Dann beißt er in ein Weckmannbein.

»Fabian«, sagt die Oma, »hast du das Spiel vom heiligen Martin verstanden?«

»Klar«, sagt Fabian mit vollem Mund. »Weil dem andern kalt war, hat er ihm den halben Mantel geschenkt, so haben es dann beide ein bißchen warm gehabt.«

»Ja«, sagt die Oma. »Der Martin macht uns vor, wie das Teilen geht.«

Sie verabschiedet sich von ihren Kindern und den Eltern und geht mit Herrn Mario und Fabian zum Auto. Die Kerze in Fabians Laterne ist verloschen. Satt und müde kuschelt sich Fabian in seinen Sitz. Den zweiten Weckmann legt er neben sich. Den schafft er im Augenblick nicht, so voll ist sein Bauch. Er hört zu, wie Herr Mario und die Oma leise miteinander reden.

»Hat es dir gefallen?« fragt die Oma.

»Sehr«, sagt Herr Mario. »Auch die Art, wie du mit deinen Kindern sprichst, hat mir gefallen. Ich hab mir für euch eine Überraschung ausgedacht. An irgendeinem Montag im Advent, wenn die Pizzeria für die üblichen Gäste geschlossen ist, machen wir ein Pizzafest für deine Klasse. Mit Musik und Kerzen und Adventsgeschichten und sehr viel Pizza.«

»Oh«, sagt die Oma. »Danke. Bei dir hat der Martin gewirkt. Bei meinem Fabian hingegen« – sie seufzt.

»Pst«, sagt Herr Mario. »Laß nur.«

Vor der Pizzeria hält das Auto. Herr Mario hilft der Oma heraus. Ein Fenster im Erdgeschoß klirrt. Ein Strubbelkopf beugt sich heraus. »Hallo, Herr Mario, gib meiner Mama bitte ein Stück Thunfischpizza für mich mit!«

»Mach ich, Ahmed!« Herr Mario hilft auch Fabian aus dem Auto.

Fabian wundert sich: Herr Mario sieht auf einmal so traurig aus. Er trommelt mit den Fingerknöcheln an seine Stirn. Er verzieht den Mund. Er schimpft auf Italienisch.

»Ist was?« fragt Fabian.

»Ich Esel, ich Ochse, ich Mondkalb, ich Oberrindvieh«, stöhnt Herr Mario. »Warum habe ich nicht dran gedacht? Ich hätte doch auch Ahmed mitnehmen können. Seine Mama arbeitet bei uns in der Küche. Ahmed hätte sich bestimmt über den Martin auf dem Pferd gefreut. Und über ein Männchen aus süßem Brot.«

»Oh – «, sagt Fabian. »Aber sei nicht traurig, Herr Mario. Er kann diesen Weckmann da haben!«

»Wirklich? Du rettest mich!« ruft Herr Mario und umarmt Fabian. Dann schreit er zum Fenster hin: »Hallo, Ahmed! Der Fabian hat was für dich!«
Fabian rennt zum Fenster. Aber er ist zu klein, Herr Mario muß ihn hinaufheben. Fabian legt den Weckmann vor Ahmed aufs Fensterbrett. »Martinsbrot! Da nimm! Das schickt dir meine Schwester!«

Herr und Knecht, und Knecht und Herr

Schon als Junge wollte Martin zu den Christen
gehen. Er wollte so beten und leben wie sie.
Aber sein Vater, ein römischer Hauptmann,
war damit nicht einverstanden.
Er selber betete zu den römischen Göttern.
Das Christentum ist gut für unsere Diener,
sagte er. Ich habe nichts dagegen,
daß sie Christen sind.
Aber du sollst ein römischer Soldat werden.
Der Gott, den du besonders verehren wirst,
heißt Mars, der Gott des Krieges.
Nach ihm heißt du Martin: kleiner Mars.
Mars wird dich beschützen,
damit du ein tapferer Kämpfer wirst.

Martin wurde Soldat des römischen Kaisers,
so wie der Vater es gewünscht hatte.
Er mußte die Grenze des Reiches bewachen und
durfte keinen Fremden durchschlüpfen lassen.
Mit achtzehn Jahren war er schon Reiter der
Garde und trug als Abzeichen den großen,
weißen Umhang.
Er hatte wie alle Offiziere einen Diener.
Der putzte ihm die Stiefel

und kochte das Essen
und fegte den Boden
und bürstete das Pferd.

Martin vergaß nicht, was er heimlich
bei den Christen gelernt hatte:
Es gibt nur einen Gott,
und seine Menschenkinder
sind alle gleich viel wert,
Männer und Frauen und Kinder.
Sie sollen wie Brüder und Schwestern leben.
Wie das geht, hat Jesus vorgemacht:
friedlich sein, den Armen helfen,
jedem dienen, wie er es braucht.

Martin nahm seinem Diener
den Kochtopf aus der Hand.
»Quintus, heut koche ich!«
Der Diener erschrak.
»Herr, das ist meine Arbeit!
Du bist der Herr, ich bin dein Knecht.
Wenn dir langweilig ist,
geh mit deinen Kameraden zum Würfelspiel.
Aber laß mir den Kochtopf,
sonst halten sie uns für verrückt.«

Martin ging nicht zum Würfelspiel.
Er putzte die Stiefel,

erst seine eigenen, dann die seines Dieners.
Er machte es wie jeder Soldat, mit viel Spucke.
Dann rieb er das Leder blank.
Sein Diener hörte die Leute lachen.
»Seht den Herrn Offizier als Stiefelknecht!
Soll das der neueste Witz sein?«
Der Diener lief und riß seinem Herrn
Stiefel und Lappen aus der Hand.
Da ging Martin zum Kochtopf
und rührte die Gerstensuppe.
»Herr, mach uns nicht lächerlich!«
flehte der Diener. »Der eine ist Knecht,
der andre ist Herr, so war es immer,
so ist das im Leben.«
»Nur weil es immer so war,
müssen wir uns dran halten?«
rief Martin. »Komm, sei tapfer, mein Freund,
fangen wir an mit der neuen Zeit!
Teilen wir, was wir haben,
auch Freude und Arbeit!«

Von da an teilten sie sich
die nötige Arbeit.
Wenn Quintus kochte,
putzte Martin die Stiefel.
Wenn Quintus die Stiefel putzte,
kochte und fegte Martin.
Während der Arbeit

erzählten sie einander Geschichten.
Manchmal bat Quintus:
»Erzähl mir von deinem Jesus.«

Dann berichtete Martin Wort für Wort,
was er als Kind gehört hatte.
Die anderen Soldaten
fingen an, sich zu ärgern.
»Wenn das Brauch wird«, murrten sie,
»daß es keine Herren und keine Knechte mehr
gibt, dann steht die Welt nimmer lang.«
Die anderen Knechte waren neidisch auf Quintus.
Sie sahen, daß er mehr Freizeit hatte als sie.
Und als er eines Tages vorm Haus in der Sonne
saß, warfen sie Steine und Nüsse nach ihm.
»Martin«, sagte Quintus, »du machst mir das
Leben gleichzeitig leicht und schwer.
Es genügt nicht, daß ein Herr und ein Knecht
Brüder sein wollen.
Es müssen auch alle anderen Leute
damit einverstanden sein.«
»Diese Zeit wird kommen!« rief Martin.
»Nur der Anfang ist schwer – …«

Wie es mit Martin weitergegangen ist,
wissen wir aus alten Geschichten und Büchern:
Martin hat vor dem Stadttor von Amiens
mit einem Bettler den Gardemantel geteilt.

Er hat dem römischen Kaiser den Dienst
aufgesagt, er wollte nur Jesus dienen,
und dem dient man ohne Schwert.
Martin ließ sich taufen und wurde Christ.
In der Einöde sprach er mit Gott,
er kannte keine größere Freude.
Gott schenkte ihm soviel Kraft,
daß er Kranke heilen
und Feinde versöhnen konnte.
Da wählte das Volk ihn zum Bischof.
Bis heute feiern wir Martin als heiligen Mann,
er war wie ein strahlendes Licht
in der finsteren Zeit.

Sollten wir nicht auch den Diener feiern,
der sich getraut hat, nicht länger Diener zu sein?
So treu war er Martin,
daß er das Neue gewagt hat.
Vergessen wir ihn doch nicht
beim nächsten Laternenfest,
schneiden wir ihm ein schönes Bild,
Kochtopf, Besen und Stiefel
und – vielleicht – einen grünen Baum,
unter dem er sich ausgeruht hat.

Adventskränze

Der Vater bringt Fabian in den Kindergarten. Schon im Treppenhaus duftet es nach frischen Tannenzweigen. Im Garderoberaum duftet es noch stärker. Geschwind zieht Fabian seinen Anorak aus und hängt ihn an den Haken unter dem Apfelschildchen. Der Apfel, das ist sein Zeichen. So, jetzt raus aus den Stiefeln. Nein, der Vater muß nicht helfen. Fabian schlüpft in die Hausschuhe. »Bleib doch, Papa. Ich muß dir was zeigen.«

Fabian zieht den Vater in den Gruppenraum. Dort stehen kleine und große Leute rund um einen Haufen Tannengrün: Christa und ihr Opa sind dabei, auch Thomas und seine Uroma.

»Schau, Papa, das wird unser Adventskranz!« ruft Fabian.

Ein großer Reifen aus Stroh ist vorbereitet, Draht, Zapfen und violette Schleifen.

»Und da sind unsere Kerzen!«

Fabian schiebt den Vater zum Fenster. Auf dem Fensterbrett stehen vier große gelbbraune Kerzen. »Wir haben sie selber gegossen. Jeder hat Kerzenreste von daheim mitgebracht, die haben wir schmelzen lassen, in einem großen Topf in der Küche.«

Der Vater schaut die Erzieherin an. »Was Sie sich alles antun, Frau Lore! Ihre Nerven möchte ich haben.«

Lore lacht. »Dafür sind es nun wirklich UNSERE Kerzen. Und heute werden alle unsere Hände nach Reisig und Harz riechen, aber es wird UNSER Adventskranz sein.«

»Schön«, sagt die Uroma von Thomas.

»Schön«, sagt Christas Opa.

»Also dann viel Vergnügen«, sagt Fabians Vater, unterdrückt ein Gähnen und verabschiedet sich. Die Nacht war wieder viel zu kurz für ihn, weil er Anna herumtragen mußte.

Diesmal weint kein Kind beim Abschied. Es gibt sofort sehr viel zu tun: Die großen Zweige müssen in kleinere geteilt werden. Schicht für Schicht werden sie auf dem Strohkranz befestigt.

Die Kinder drücken die Zweige fest, und Lore wickelt vorsichtig den Draht herum. Fabian schnuppert an seinen Fingern. »Ich dufte schon!«

»Ich auch«, sagt Christa.

Zur Frühstückspause ist der Kranz fertig und mit Kerzen und Zapfen geschmückt. Lore holt die Leiter, steigt hinauf und hängt den Kranz an einen Haken an der Decke. Die Kinder klatschen in die Hände. Der Kranz ist wunderschön.

Viele Zweige und ein bißchen Draht sind übriggeblieben.

Christa sagt: »Ich mache noch einen kleinen Kranz für die Puppenecke.«

Fabian hilft ihr dabei. Dann kneten sie Wachs in flache Plättchen, legen ein Stück Faden hinein und rollen sie zu kleinen Kerzen.

»Was du dir alles antust, Frau Christa!« sagt Fabian.

»Ah, Herr Fabian, du tust dir genauso viel an, dafür ist es jetzt UNSER Kranz mit UNSEREN Kerzen!«

»Bravo!« rufen die Puppen in der Puppenecke mit Fabians Stimme.

Noch immer liegen ein paar Zweige da.

Fabian wickelt einen ganz kleinen Kranz, so klein, daß er auf Mamas Handfläche paßt. Er ist sehr schwer zu wickeln. Der Draht ist zu steif dafür, Fabian nimmt ein Stück Garn. Beim Verknoten hilft Lore. Fabian klebt vier dünne Wachsröllchen als Kerzen darauf. In der Bastellade findet er ein schmales goldenes Band. Das schlingt er als Zier um den Kranz.

»Toll«, sagt Christa. »Würde in meine Puppenstube passen.«

Aber Fabian trägt den winzigen Kranz nach Hause.

Er legt ihn seiner Babyschwester auf den Bauch.

Er sagt ihr alles, was er von Lore über den Adventskranz weiß: »Grün heißt Leben, und rundherum,

rundherum, rundherum heißt: Der liebe Gott hört nicht auf, uns liebzuhaben. Und die Kerzen heißen: Hab keine Angst im Dunkeln, Gott macht alles hell …«

Anna gluckst und strampelt.

Fabian spürt: Sie hat Freude mit dem Kranz.

Aber die Mama will den Kranz nicht auf Annas Bauch liegen lassen.

»Wenn sie den erwischt und in den Mund steckt! Und guck, da sind schon Nadeln heruntergefallen. Die könnten sie stechen. Wir legen den Kranz aufs Fensterbrett, ja? Er ist sehr hübsch, wunderschön, das habe ich sofort bemerkt, ein richtiger Babyadventskranz.«

Anna kann von ihrem Bett aus den Kranz nicht sehen. Dafür sieht sie nun die Mama und schreit, weil sie getragen werden will. Mama nimmt Anna auf den Arm.

»Komm, Fabian, schau dir unseren Adventskranz an. Ich habe ihn gekauft. Weil heuer keine Zeit war, selber einen zu binden.«

»Klar«, sagt Fabian. »Du kannst dir das nicht antun. Du hast nicht Nerven wie die Lore.«

Die Mutter wundert sich. Fabian betrachtet den Kranz auf dem Tisch in der Küche: Er hat drei violette und eine rosa Kerze und liegt in einem flachen Strohkorb.

»Zufrieden?« fragt die Mama. »Und jetzt schnell Händewaschen, wir essen gleich.«

Fabian will nicht Hände waschen. »Heute nicht«, sagt er zur Mama. »Das ist kein Dreck, das ist ein bißchen Harz von den Zweigen. Ich dufte nach UNSEREM Kranz, und ich will den ganzen Tag duften.«

»Na gut«, sagt die Mama müde.

Später merkt sie, daß der kleine Kranz vom Fensterbrett verschwunden ist. Zwei Tage später sieht sie ihn zufällig wieder, als sie mit Fabian neue Pelzstiefel besorgen will. Sie gehen an der Pizzeria vorüber. Da steht das Auto von Herrn Mario.

Vor der Windschutzscheibe baumelt der Baby-adventskranz.

»Na so was!« sagt die Mama.

»Gelt, da staunst du«, sagt Fabian.

»Sag, Fabian, ist der Herr Mario öfters bei Oma auf Besuch?«

»Nein. Höchstens einmal am Tag zum Kaffeetrinken. Und über den Kranz hat er sich riesig gefreut!«

Beim Adventskranz

Der Kranz ist grün und rundum rund
so wie die Ewigkeit,
hat Anfang nicht noch Ende.
In seinem warmen Kerzenschein
vergessen wir die Erdenzeit
und breiten weit die Hände:
So rund und grün wie dieser Kranz
soll unser Leben sein,
es kommt von Gott, geht zu ihm ein.
Den Freudenglanz,
den Friedensbund,
den schenkst du, Gott, allein.

Beim Rumtopf

Fabian wacht auf, weil er irgend etwas gehört hat: ein Klirren, ein Lachen?

Im Zimmer ist es fast dunkel, neben sich im Bett spürt er seine Stofftiere: den grünen Dino, den Hasen.

Vom Fenster her glänzt ein Streifen Licht von der Straßenlaterne. Unter der Türritze schimmert ein matter Schein aus dem Schlafzimmer der Eltern. Dort schläft Anna in ihrem Babybett, es ist kaum zu glauben, sie schläft, kein Plärren und Wimmern stört die nächtliche Stille.

Es ist ungewohnt ruhig, im Augenblick.

Fabian denkt an den vergangenen Tag, einen Samstag, der aufregend war. Die Oma war auf einem Computerkurs, nicht aus eigener Lust und Laune, sondern weil sie die neuen Geräte für ihre Kinder in der Schule bedienen lernen muß. Deshalb ist sie als Babysitter ausgefallen. Mama und Papa haben gestritten, wer den Wocheneinkauf machen darf, und Mama hat gewonnen. Sie hat Fabian ins Auto gepackt und ist zum Großmarkt gefahren. Sie haben riesige Mengen eingekauft: Windeln und Waschpulver und Tiefkühl-Fertigsuppen und geriebene Mandeln und geriebene Haselnüsse und Kochschokolade. Denn irgend-

wann, hat die Mama gesagt, will sie Weihnachts-
kekse backen, trotz Anna und Streß und Müde-
sein und ungebügelter Wäsche.

Sie haben gemütlich in der Snackbar gegessen,
Spaghetti mit Soße und Apfelkuchen. Zu Hause
war es dann weniger gemütlich, denn die Anna
hat vor Hunger geplärrt, und der Papa hat gefragt,
ob er von Luft leben soll oder wie oder was. Die
Mama hat Anna die Brust gegeben und gemeint,
der Papa soll sich selber was kochen oder in die
Pizzeria gehen. Da hat der Papa den Fabian gepackt, und sie sind in die Pizzeria essen gegangen, Spaghetti mit Muscheln und Fisch mit Wein-
soße und Berge von Salat. Den Salat mußten sie
selber würzen, mit Olivenöl und rotem Essig und
Salz und Pfeffer. Das war sehr spannend. Der
Neffe von Herrn Mario hat sie bedient und ihnen
zum Schluß noch zwei Gratisgetränke als »Gruß
des Hauses« serviert, etwas Dunkles, Scharfes für
den Papa und Cola für Fabian. Danach war Fabian
ein bißchen schlecht, und er mußte zu Hause
Fencheltee trinken …

Wieso ist es nun so still in der Wohnung?

Fabian steigt aus dem Bett und tappt auf bloßen
Füßen ins Elternzimmer. Nur eine kleine Lampe
brennt. Das große Bett ist leer. Anna schläft in
ihrem Babybett, die kleinen Fäuste an die Wangen gepreßt. Fabian tappt weiter ins Vorzimmer.

Aus der Küche duftet es nach Honigwachs, die Tür ist nur angelehnt, ein sanftes gelbes Licht dringt hervor, es ist lebendig, es huscht und flackert. Fabian schleicht bis zur Tür und blinzelt durch den Spalt. Die erste Kerze am Adventskranz brennt, Mama und Papa sitzen am Tisch, der große blaue Rumtopf steht zwischen beiden. Zwei Gläser mit Früchten und Saft schimmern rötlich im Kerzenlicht.

Mama und Papa löffeln die Früchte: Erdbeeren, Himbeeren, Zwetschgen, Weinbeeren. Fabian kennt sie alle. Er hat immer mitgeholfen, sie zu waschen und zu trocknen und mit viel Zucker in den Rum zu streuen. Aber davon dürfen Kinder nicht essen, die Früchte sind vollgesoffen mit gefährlichem Alkohol, das schmeckt Kindern überhaupt nicht, hat die Mama gesagt. Und auch die Erwachsenen müssen den Frühling und den Sommer über warten, bis sie davon essen. Zu Adventsbeginn ist es soweit.

Mama und Papa reden ganz leise miteinander. Fabian strengt seine Ohren an.

»Wie die Erdbeeren reif waren«, flüstert die Mama, »haben wir beschlossen, wenn es ein Mädchen wird, soll es Anna heißen.«

»Wie die Himbeeren reif waren«, sagt der Papa, »hab ich die Hand auf deinen Bauch gelegt und die kleinen Püffe und Knüffe gespürt.«

»Wie die Zwetschgen reif waren«, sagt die Mama, »hab ich angefangen, für Anna ein Jäckchen zu stricken.«

»Wie die Weintrauben reif waren«, sagt der Papa, »bin ich mit dem Fabian allein zur Weinlese gefahren, denn du konntest dich nimmer bücken, so dick war dein Bauch, und die Anna hat so gestampft und herumgeturnt, daß sie dich aus dem Schlaf geweckt hat …«

Fabian stößt die Tür auf und sagt: »Ihr sollt nicht feiern ohne mich!«

»Dann komm her«, sagt der Papa und nimmt Fabian auf seinen Schoß. Er zieht seinen Pullover über Fabians Füße. Fabian versteckt sein Gesicht in Papas Ellbogen. Ab und zu hört er einen Löffel an Glas stoßen. Das gibt einen hohen, ganz feinen Ton. Fabian spürt Papas Atemzüge, ganz tief, ganz friedlich. Auch er atmet tief, gleich wird er einschlafen.

»Ich bin ein glücklicher Mensch«, sagt Papa von weit, weit her, »mit dir und dem Fabian und der Anna.«

Fabian fühlt ein Schaukeln und Wiegen. Ihm ist ganz warm. Sie tragen ihn ins Bett zurück, Mama oder Papa oder beide zusammen.

Die Adventschürze

An manchen Tagen kann Fabian Herrn Mario nicht leiden.

Zum Beispiel an dem Tag, an dem im Kindergarten das erste Fenster im Adventskalender geöffnet worden ist.

Fabian kommt nach Hause und fragt die Mama: »Wo ist mein Adventskalender?«

»Oje«, sagt die Mama. »Ich habe keinen besorgt. Aber bestimmt bringt dir der Papa einen mit, wenn er aus dem Büro kommt.«

Der Papa bringt keinen Adventskalender mit. »Oje, hätte ich – ? Aber wollte dir nicht die Oma einen schenken? So wie voriges Jahr?«

Die Oma hat ihren langen Schultag. Fabian wartet, bis er ihr kleines Auto vor dem Haus hört. Er wartet, bis er die Haustür zufallen und Omas Schritte bis zur Lifttür hört.

Der Lift surrt. Fabian wartet noch eine schrecklich lange Zeit, dann läßt ihn die Mama in den vierten Stock hinaufgehen.

Nicht die Oma öffnet ihm, sondern Herr Mario.

Fabian rennt in die Küche. Da sitzt die Oma vor einer Schale Kaffee. »Oma, wo ist mein Adventskalender?«

»Das weiß ich nicht«, sagt die Oma müde.

»Alle Kinder haben einen«, schreit Fabian. »Die Christa und der Thomas und alle! Nur ich nicht!« Er legt die Arme auf den Küchentisch und weint. »An mich denkt niemand.«

»Aber, aber, aber«, murmelt Herr Mario. »Morgen kaufen wir einen ganz großen, wunderschönen – « Fabian fährt auf.

»Du bist schuld«, sagt er zu Herrn Mario. »Du bist schuld, daß die Oma mich vergessen hat. Der Papa hat schon recht … Die Oma hat nur noch Augen für dich, Herr Mario …«

Herr Mario schaut die Oma an. Die Oma schaut Herrn Mario an.

»Also das meint der Papa, Fabian?«

»Pst«, sagt Herr Mario. »Laß nur.« Er nimmt eine Flasche aus dem Küchenkasten und schenkt der Oma ein Gläschen ein.

Die Oma trinkt. Herr Mario lächelt. »So, jetzt ist dir besser. Jetzt kannst du im Handumdrehen einen Kalender basteln.«

Die Oma seufzt. Sie steht auf und zieht die Küchenwäschelade auf. Sie kramt und zieht eine Schürze hervor. Fabian hat die Schürze noch nie gesehen. Sie ist ganz neu und hat drei große Taschen aus rotkariertem Stoff.

Die Oma kippt die Nähmaschine aus dem Schrank. Sie sucht in der Krimskramslade und findet eine rote Borte. Sie schneidet und näht und trinkt zwischendurch aus dem Glas einen winzigen Schluck.

»So«, sagt sie schließlich. »Weißt du, was das ist, Fabian?«

»Was ist es denn, Oma?«

»Eine Adventschürze.«

Fabian beugt sich vor und sieht, daß die Oma aus den drei großen Taschen viele kleine gemacht hat. Vier und vier, und vier und vier, und vier und vier.

»Aha«, sagt Herr Mario.

Die Oma nimmt einen dicken Stift und malt Ziffern auf die kleinen Taschen. Alle Zahlen von 1 bis 24.

Herr Mario öffnet das Fenster und schaut zum Himmel auf. »Sternklar«, sagt er zur Oma.

»Hu, wie kalt, mach schnell zu«, sagt die Oma, »und bring mir ein paar Reißnägel.«

Fabian wartet voller Staunen. Papier raschelt.

Herr Mario heftet die Adventschürze an die Küchentür. Die Schürzenbänder sind zu einer Masche geschlungen, darin steckt ein grüner Zweig. »Bitte sehr«, sagt Herr Mario.

Fabian geht ganz nahe an die Tür heran. Er sieht die Tasche mit dem Einser an. Sie bauscht sich geheimnisvoll. Steckt ein Stückchen Schokolade drin? Nein, nur eine kleine Papierrolle, mit grünem Band umwunden. Fabian streift das Band ab und rollt das Papier auf. Ein Stern ist daraufgezeichnet, und ein paar Worte stehen drauf. »Lies vor«, sagt Fabian zur Oma.

Die Oma liest: »Sterngucken mit Oma und Mario.«
Fabian guckt Herrn Mario an.

Die Oma guckt Herrn Mario an.

»Na dann«, sagt Herr Mario, »worauf warten wir noch? Wo kann man hier am besten Sterne sehen? Wo ist es am dunkelsten in dieser Stadt?«

»Im Park?« schlägt die Oma vor. »Oder draußen am Trabrennplatz?«

»Oder oben auf dem Aussichtsturm auf dem Birkberg«, sagt Herr Mario. »Im Extrastübchen bei Roberto.«

Fabian weiß, was Herr Mario meint. Er kennt den Aussichtsturm. Ganz oben ist ein Restaurant, das dreht sich langsam rundherum. Dort oben ist man dem Himmel ganz nah. Und den Sternen.

»Aber mit Roberto hast du Krach gehabt …«, sagt die Oma.

»Pah«, sagt Herr Mario. Er geht zu Omas Telefon und wählt. »Hallo, Roberto … Wolltest du nicht das Rezept meiner grünen Nudeln di Mario? Also, dann schreib …« Ein Schwall italienischer Worte prasselt aus Herrn Marios Mund. »Alles verstanden? Va bene. Natürlich müssen wir das begießen. Ich komme sofort mit einem kleinen Fabian und seiner Oma. Ich brauche das Extrastübchen.

Nur für ein halbes Stündchen und ohne Beleuchtung.«

Fabian muß seinen Anorak und die Wollmütze holen. Dann fahren die drei in Omas Auto auf den Birkberg hinauf. Die Luft ist kalt. Zwischen den nackten Birkenzweigen schimmern die Sterne.

»Wart erst, wie klar wir sie oben sehen«, sagt Herr Mario.

Mit dem Lift fahren sie ins Restaurant hinauf. Herr Roberto umarmt Herrn Mario, dann führt er sie ins Extrastübchen. Vom großen Fenster aus schaut Fabian auf die nächtliche Stadt und das dunkle Land. Herr Mario dreht das Licht ab.

Fabian schaut zum Himmel auf. Während die Plattform mit dem Restaurant sich langsam dreht, sieht er die Sternbilder vorübergleiten. Oma nennt ihre Namen. Der Große Wagen und der Kleine Wagen mit dem Polarstern ganz im Norden. Wenn man scharfe Augen hat, kann man einen Stern auf der Deichsel des Großen Wagens sehen. Das ist das Reiterlein. Manche Sterne sind riesige Kugeln aus glühendem Gas. Andere Himmelskörper, zum Beispiel der Mond, sind aus festem Material wie die Erde und bekommen ihr Licht von der Sonne.

Schon in ganz alten Zeiten hat es Sterngucker gegeben. Die Menschen wollten im Sternenhimmel lesen wie in einem Buch. Einmal, vor viel-

leicht zweitausend Jahren, das ist sehr, sehr lang her, da haben weise Männer im Morgenland den Himmel beobachtet und einen neuen, großen, leuchtenden Stern entdeckt. Vielleicht waren es auch zwei oder drei Sterne, die nah beieinander gestanden sind, erzählt die Oma. Oh, was bedeutet dieses Zeichen, haben die Sterndeuter gefragt. Ist vielleicht ein neuer König geboren, der Herr der Welt? Und sie haben sich aufgemacht, sind fort aus ihrer Heimat, sind durch Wüsten und über Berge gewandert, um das neugeborene Königskind zu suchen.

»Und? Haben sie es gefunden?« fragt Fabian.

»Ja, sie haben das Jesuskind in der Krippe gefunden«, sagt die Oma. »Der Stern hat sie geführt. Sie waren Wochen und Wochen und Wochen auf der Reise. Einen ganzen Advent lang.« An der Stimme der Oma hört Fabian, daß sie lächelt.

Herr Roberto kommt, knipst das Licht an und bringt etwas zum Trinken.

Fabian gähnt.

»Komm wieder einmal, Fabian«, sagt Herr Roberto. »Sterngucken mit Mario ist eine feine Sache. Was, Signora?«

Still fahren die drei in Omas Auto zurück. Herr Mario sitzt hinter dem Lenkrad. Beim Aussteigen fragt Fabian: »Und wird jetzt jeden Tag eine Überraschung in der Adventschürze sein?«

Herr Mario wiegt den Kopf hin und her. »Wer weiß?«

Fabian dreht sich zur Oma hin. »Oma, sag du!«

Aber die Oma ist eingeschlafen. Einfach in ihrem Sitz eingeschlafen.

Am nächsten Tag erfährt Fabian von der Oma, daß der Neffe von Herrn Mario sehr böse ist. Weil Herr Mario sein Nudelrezept verraten hat. Um den Neffen zu versöhnen, muß sich Herr Mario sofort eine neue Pizza ausdenken. Eine ganz tolle, die es in keiner anderen Pizzeria gibt.

»Merk dir, Fabian«, sagt die Oma. »Man kann es nie allen Menschen zugleich recht machen. Drum muß man sich genau aussuchen, wem man es wirklich recht machen will.«

»Der Mario will es dir recht machen«, sagt Fabian.

Der Spatzenstrauch

Auf dem Heimweg vom Kindergarten kann man einen ganz kleinen Umweg durch einen ganz kleinen Park machen.

Dort ist der Spatzenstrauch.

Vor dem Spatzenstrauch bleiben Fabian und Christa immer stehen, und Christas Opa wartet geduldig, bis die Kinder sich satt gesehen und satt gehört haben:

In den kahlen Zweigen hocken die Spatzen Flügel an Flügel, Schwanzspitze an Schwanzspitze, beinahe Schnabel an Schnabel. Daß ein Strauch so viele Spatzen tragen kann! Von weitem sehen sie aus wie seltsame, dunkle Früchte.

Aber dann der Lärm: Die Spatzen schilpen und schimpfen, zetern und schwatzen. Der ganze Strauch schwatzt! Der ganze Strauch flattert!

Der Opa sagt: »Ich weiß einen alten Trick. Wenn Schnee liegt wie jetzt, kannst du dich leise anschleichen. Du rüttelst und schüttelst den Strauch, dann fallen die Spatzen mitten im Schwatzen ganz munter herunter und liegen im Schnee flach auf dem Bauch.«

Das wollen die Kinder sofort ausprobieren.

Langsam, Schritt für Schritt, damit der Schnee nicht knirscht, schleichen sie auf den Spatzenstrauch zu.

Christa wispert: »Ich zähle bis drei, dann springen wir! Eins – zwei – drei!«

Mit ausgestreckten Händen springt Fabian los.

Die Spatzen schwirren hoch, die Luft ist voller Flügelschlagen und Rauschen und Spatzengeschimpfe.

Der Opa sagt: »Vielleicht glückt es beim nächstenmal.«

Er zieht ein Brot aus der Tasche. »Da, brösel das den Spatzen hin, damit sie uns wieder leiden können.«

Fabian guckt den Opa von der Seite an.

Er flüstert Christa zu: »Du hast es fein mit diesem Opa. Ich hätte auch gern einen.«

»Nimm dir doch den Herrn Mario«, sagt Christa.

Die Lupe

An manchen Tagen rennt Fabian schon in aller Früh in den vierten Stock hinauf. Damit er die Oma erwischt, bevor sie in die Schule fährt. Und weil er wissen will, was in der Adventschürze steckt. Am 2. Dezember ist es ein kleines Puzzle aus weißen und schwarzen Formen. Wenn man die zusammensetzt, entstehen ein weißes und ein schwarzes Schaf. Fabian nimmt das Puzzle in den Kindergarten mit, obwohl er an diesem Tag eigentlich gar nicht hingehen wollte, zuerst. Aber nun möchte er wissen, ob Christa das Puzzle genauso schnell zusammenbaut wie er. Christa schmunzelt. Sie schiebt die Zungenspitze zwischen die Zähne. Sie schaut und überlegt. Dann setzt sie blitzschnell die Teile zusammen. Fabian staunt: ein schwarzes Schaf mit einem weißen Schwänzchen und ein weißes Schaf mit einem schwarzen Schwänzchen.

Auch Thomas will Schafe legen: ein weißes mit schwarzem Kopf und ein schwarzes mit weißem Kopf.

Susanna baut ein weißes Schaf mit schwarzem Kopf und schwarzem Schwänzchen und ein schwarzes Schaf mit weißem Kopf und weißem Schwänzchen.

»Schneiden wir die Beine ab«, schlägt Christa vor.
»Dann kriegen wir noch mehr verschiedene Schafe!«
Sie vertauschen nun auch die Beine. Unglaublich, wie viele neue Schafe entstehen! Eine ganze Herde!

Am 3. Dezember findet Fabian in der Tasche Nummer 3 eine Geschichte.
»Die kann euch die Frau Lore vorlesen!« meint die Oma.
Am 4. Dezember steckt ein schön verzierter Gutschein in der Adventschürze. Diesmal liest die Oma gleich vor: Gutschein für 1 Bund frisch geschnittener Barbarazweige aus dem Schulgarten.
Am Abend löst Fabian den Gutschein bei der Oma ein und bekommt drei große Kirschenzweige mit braunen, glänzenden Knospen. Wenn man die Zweige ins Wasser stellt, blühen sie zu Weihnachten mit zarten, weißen Blüten. Wenn man Glück hat, sagt die Oma. Und wenn junge Mädchen im Haus sind, kriegen die im nächsten Jahr einen Mann.
»Gilt das auch für ältere Mädchen?« fragt Herr Mario.
»Wer weiß«, sagt die Oma.
»Und für die Anna?« fragt Fabian.

»Nein, nein, so schnell wächst die nicht!«

»Und warum heißen sie Barbarazweige?« fragt Herr Mario.

»Weil man sie am Tag der heiligen Barbara schneidet, heute, am 4. Dezember«, erklärt die Oma. »Es ist ein sehr alter Brauch. Ein blühender Zweig zu Weihnachten, mitten in der Winternacht, erinnert an das Jesuskind. Das ist auch in einer finsteren Zeit zu den Menschen gekommen. Die heilige Barbara war in unserem Land immer eine beliebte Heilige. Die Leute haben sie in vielen Gefahren gebeten: Leg doch ein gutes Wort für uns ein, beschütze uns! Besonders die Bergleute verehren sie. Die Bergleute, die tief im Berg nach Kohle und Erzen graben. Die haben bei ihrer gefährlichen Arbeit eine starke Schutzheilige nötig. Früher war es Brauch, daß die Bergleute am Barbaratag den Bergmandeln was zu essen und trinken hinlegen.«

Darüber will Fabian Genaueres wissen.

Bergmandeln, sind das Zwerge?

»Berggeister«, sagt die Oma. »Kleine Wesen, die es nicht gern mögen, wenn man rücksichtslos mit den Schätzen der Berge umgeht.«

»Gibt's die wirklich, Oma?«

»Nein, es ist nur eine alte Sage.«

»Bist du sicher? Vielleicht gibt sie's doch?« fragt Herr Mario.

In den nächsten Tagen erzählt Fabian im Kindergarten, daß Herr Mario ganz sicher ist, daß es Bergmandeln gibt. Die hausen in den Bergen und bekommen am Barbaratag eine feine Mahlzeit. Zum Trost, weil die Menschen in den Bergen herumwühlen.

Frau Lore hat noch nie von Bergmandeln gehört. Christa auch nicht. Aber sie kann sich die Bergmandeln genau vorstellen. Wie sie singen und tanzen und sich über das Gehämmere und Rumoren der Menschen ärgern. Christa spielt jeden Vormittag mit Fabian Bergmandeln. Ihr neues Lieblingsspiel! Thomas schiebt ihnen heimlich einen Teller mit Apfelspalten unter den Tisch.

Am 5. Dezember hat Fabian eine Lupe in der Adventschürze. Wenn man durch die Lupe guckt, sieht man alles viel größer. Fingernägel mit und ohne schwarzen Rand, Brotbrösel, die feinen Härchen des Kaktus. Ein normaler Buchstabe, mit Bleistift auf Omas Notizblock geschrieben, wird unter der Lupe zu einem aufregenden helldunklen Etwas, das aussieht, als sei es lebendig.

Was für ein Glück, daß es an diesem Morgen zum erstenmal schneit!

Die Oma öffnet das Fenster.

Die Schneeflocken schimmern im Schein der Küchenlampe. Wunderbar langsam schweben sie vom Himmel. Die Oma fängt auf ihrer blauen Mütze drei Schneeflocken ein.

Fabian schaut sie durch die Lupe an. Oh!

»Siehst du die winzigen Kristalle?« fragt die Oma. »Jede Flocke ist anders zusammengesetzt, aus kleinen Plättchen, Säulen und Sternchen.«

»Ich seh, ich seh!« schreit Fabian aufgeregt. »So schöne Muster! Das glaubt mir die Christa nie!«

»Es gibt über hundert verschiedene Formen«, sagt die Oma und spreizt ihre Hände vor Fabians Gesicht. »Zehn und zehn und zehn und zehn – und zehn und zehn und zehn und zehn – und noch einmal zehn und nocheinmal zehn!«

»Ich bin baff«, sagt Fabian.

Die Schneeflocken sind geschmolzen. Drei kleine Wassertropfen blitzen auf Omas Mütze.

Fabian nimmt die Lupe in den Kindergarten mit. Er wird ein sehr beliebter Junge an diesem Vormittag. »Find ich toll«, murmelt Christa, »daß du die Lupe wirklich allen leihst.« Mit Frau Lore gründen sie einen Schneeflockenforschungsverein. Aus weißem Papier schneidet Lore Schneesterne und klebt sie ans Fenster.

Auf dem Heimweg sieht Fabian Ahmed vor der Pizzeria stehen. »He, du«, schreit Fabian, »kannst du zeichnen?«

»Ja«, sagt Ahmed erstaunt.

»Gut?«

»Ziemlich gut.«

Fabian freut sich. »Dann frag deine Mama, ob du heute zu mir in den Hof kommen darfst. Bring Papier und Bleistift mit!«

Ahmed geht schon zur Schule.

Bestimmt, denkt Fabian, wird Ahmed ihm helfen beim Schneeflockenzeichnen. Wird das eine Arbeit! Mindestens hundert verschiedene Flocken!

Maria und das schwarze Schaf

Als der Engel Gabriel fortgegangen war,
saß Maria lange da und dachte nach.
Der Engel hatte sie gefragt,
ob sie die Mutter des Jesuskindes werden wolle,
und sie hatte JA gesagt.
Sie freute sich auf das Jesuskind.
In neun Monaten sollte sie es gebären.
Bis dahin mußte sie manches lernen
und vorbereiten.
Sie wollte bei anderen Müttern zusehen,
wie man Babys badet und wickelt.
Sie mußte Windeln nähen.
Sie mußte eine Decke weben.
Was brauchte das himmlische Kind noch?
Einen Menschenvater, der es lieb hatte.
Josef, der Zimmermann, sagte zu Maria:
»Ich werde immer dasein
für dich und dein Kind.
Ich werde gut für euch sorgen.«
»Bau mir einen Webstuhl«, bat Maria.
»Damit ich unserem Kind eine Decke weben kann.«
Josef fing an, einen Webstuhl zu bauen.
Maria ging hinaus auf das Feld zu den Schafen.
Sie sprach zum Hirten:

»Werden mir deine Schafe ein wenig
Wolle schenken?«
»Frag sie selber, junge Frau!« sagte der Hirt.
Maria ging von Schaf zu Schaf
und bat jedes um eine Flocke weicher Wolle,
und jedes Schaf schenkte ihr eine.
»Zupf nur, zupf«, blökten sie.
»Du brauchst sie doch für dein Jesuskind,
den Retter und Erlöser der Welt.
Zur Welt gehören auch wir Schafe.
Jesus wird auch unser Freund sein.
Zuuuupf nur, zuuuupf!«
Maria sammelte unzählige weiße Wollflocken
in ihre Schürze.
Nun hatte sie genug für eine kleine Decke.
Da sah sie am Rand der Weide
ein schwarzes Schaf stehen.
Es stand ganz allein,
kein weißes Schaf wollte daneben
auch nur den kleinsten Grashalm rupfen.
Maria ging zum schwarzen Schaf:
»Schenkst du mir ein wenig von deiner Wolle?«
»Zupf nur, zupf«,
blökte das schwarze Schaf.
»Nimm eine gute Handvoll,
nimm, soviiiiiel du brauchst.«
Die weißen Schafe drängten sich aneinander.
Sie blökten laut wie mit einer Stimme:

»Bäh! Bäh! Bäh!
Nimm nichts von diesem schwarzen Schaf!
Es gehört nicht zu uns!
Seine Wolle paßt nicht zu unserer.
Eine einzige schwarze Flocke
zwischen unsere gemischt
macht unsre feine weiße Wolle grau!«
Maria sagte:
»Das schwarze Schaf gehört nicht zu euch?
Aber zur Welt gehört es doch.
Drum will ich auch seine Wolle
in die Decke weben.«
Sie ging nach Hause, schleppte Wasser vom
Brunnen und wusch die Wolle,
erst die weiße, dann die schwarze.
Sie drehte die Wolle mit dem Spinnwirtel
zu weißem Faden und schwarzem Faden
und grauem Faden.
Der Webstuhl war schon fertig.
Maria webte die Decke für das Jesuskind.
Die Decke war schneeweiß,
hatte einen grauen Stern in der Mitte
und an den vier Seiten
einen schwarzgemusterten Rand.
Es war eine wunderschöne Decke.
Maria ging hinaus aufs Feld
und zeigte die Decke den Schafen.
»Ooooh«, blökten die weißen Schafe.

»Seeehr, seeehr schön.«
Das schwarze stand ganz stumm vor Freude.
Ein altes Mutterschaf rief:
»Wenn dein Kind auf der Welt ist,
schick Josef her mit einem großen Krug.
Dann schenken wir dir von unserer Milch,
die ist süß und weiß von uns allen,
ob wir nun weiß sind oder schwarz.«
»Danke«, sagte Maria
und ging in die Stadt zurück.
Auf der Hügelkuppe
drehte sie sich noch einmal um
und winkte den Schafen.
Die weideten über die ganze Wiese verstreut,
das schwarze mitten unter den weißen.

Nikoläuse

Am 6. Dezember ganz in der Früh schleicht Fabian ins Schlafzimmer der Eltern. Leise, ganz leise schiebt er ihnen zwei Nikoläuse unter die Decke: einen Apfel-Nikolaus dorthin, wo die Mama ihre Füße hat, und einen Mandarinen-Nikolaus in die Nähe von Papas Zehen. Jeder Nikolaus hat Augen aus Gewürznelken, einen Wattebart und eine Bischofsmütze. Die Mützen hat Mario ausgeschnitten, alles andere hat Fabian allein gemacht!

Sind die Eltern munter geworden?

Nein, sie schlafen fest, der Papa schnarcht sehr stark, sogar die Mama schnarcht ein bißchen.

Fabian schlüpft hinaus ins Vorzimmer, läßt die Tür einen Spalt offen und horcht. Was werden die Eltern sagen, wenn sie aufwachen und Nikoläuse im Bett haben?

Der Papa gähnt. Er gähnt wie ein Krokodil. »Uahh! Uahh! Hab ich gut geschlafen! – Was kitzelt mich denn da bei den Füßen?«

Die Mama gähnt. Sie gähnt wie ein Löwe. »Uahh! Uauahhh! Holla, was raschelt denn da unter meiner Decke? Hilfe, da ist etwas!«

Fabian hält sich die Hand vor den Mund, damit er nicht laut herauslacht.

»Hab keine Angst, ich beschütze dich!« sagt der Papa. »Und der Fabian ist auch noch da, wir beschützen dich zu zweit. Warte, jetzt ziehe ich die Decke weg. – Oh!«

»Oh!« sagt auch die Mama. »Ein Nikolaus. Und wie gut er duftet!«

»Und der tolle Bart!« sagt der Papa. »Meiner ist schöner!«

»Nein, meiner ist schöner!« ruft die Mama. »Jetzt möcht ich nur wissen, wie die in unser Bett gekommen sind. Und überhaupt – feiern wir Nikolaus nicht erst am Abend?«

Fabian stößt die Türe auf. »Ich hab's nicht mehr ausgehalten bis zum Abend«, sagt er. »Weil sie mir so gut gelungen sind.«

Er steigt zu den Eltern ins Bett und läßt sich loben, streicheln und küssen.

Und weil es an diesem Tag wirklich noch sehr früh für alles ist, kann der Papa in aller Ruhe aufstehen, sich rasieren, frühstücken, die Anna unterm Kinn kitzeln und Fabian bis zum Kindergarten begleiten.

Auf dem Marktplatz stehen weißbärtige Männer in roten Kapuzenmänteln; sie verteilen Bonbons an die Kinder und Werbezettel an die Erwachsenen.

»So viele Nikoläuse!« sagt Fabian zu seinem Papa. »Nur ohne Mütze und ohne Stab!«

»Das sind Weihnachtsmänner«, sagt der Papa.

»Die haben mit dem echten, alten Bischof Nikolaus nichts zu tun. Der hat vor langer, langer Zeit in dem Land gelebt, aus dem Ahmeds Mutter stammt, in der Türkei. Er hat allen Menschen geholfen, die arm und hungrig und in Gefahr waren. Jetzt ist er bei Gott und hilft den Menschen immer noch. Darum feiern wir ja sein Fest, heute am Nikolaustag. Erinnerst du dich noch an voriges Jahr? Da habt ihr im Kindergarten mit Lore gefeiert.«

»Ja, die Lore hat sich als Nikolaus verkleidet, und wir haben ihr dabei geholfen. Dann hat sie uns Säckchen mit Nüssen und Orangen geschenkt.«

»Und ich habe euch fotografiert, bei eurem Nikolaus-Spiel! – Diese Weihnachtsmänner da sind nicht einmal ein Spiel. Die sind gar nichts, außer einem Werbetrick. Manche Leute meinen zwar, die Weihnachtsmänner helfen dem Christuskind oder dem Nikolaus, Geschenke zu bringen. Aber wenn du mich fragst, helfen diese lästigen Weihnachtsmänner nur den Geschäftsleuten, noch mehr Geld zu verdienen!«

Fabian spürt, daß der Papa mit den Weihnachtsmännern keine Freude hat. Einer von ihnen hat einen besonders langen Bart aus weißer Watte, dazu noch einen Schnurrbart, dessen Enden bis zu den Wangenknochen hinaufreichen. Die Kapuze hängt ihm tief in die Stirn.

Der Schnurrbartweihnachtsmann hält Fabian ein Bonbon in rotem Glitzerpapier hin. »Gruß vom Nikolaus!«

Fabian schüttelt den Kopf. »Du bist nicht echt! Vielleicht ist das Bonbon auch nicht echt!«

»Nicht echt?« brummt der Weihnachtsmann mit tiefer Stimme. »Wieso nicht echt?!«

»Weil du nicht einmal ein Feier-Spiel-Nikolaus bist! Du bist gar nichts!«

Der Weihnachtsmann hält seinen Bart ein Stück weit weg vom Gesicht – er kann das, weil der Bart an einer Gummischnur hängt. Schokoladenbraune Haut kommt unter dem Bart zum Vorschein.

Und nun schiebt der Weihnachtsmann seine Kapuze ein wenig zurück. Schwarzes Kraushaar ringelt sich über seiner Stirn wie kleine Schneckenhäuser.

»Schau mich an, ich bin nicht nichts, sondern der Boia aus Afrika. Und ich gehe als Werbe-Weihnachtsmann, weil ich was verdienen will! Magst du ein Bonbon vom Studenten Boia aus Afrika?«

»Doch«, sagt Fabian. »Danke.«

Der Papa streckt die Hand aus. »Und vom Boia aus Afrika nehme ich auch einen Werbezettel ...«

Das Nikolaus-Spiel im Kindergarten ist wieder sehr schön: Die Kinder helfen Lore beim Anziehen des weißen Gewandes, sie setzen ihr die Mütze mit dem goldenen Kreuz auf die Stirn, sie geben ihr den goldenen Bischofsstab in die Hand. Christa hängt ihr einen Wattebart unters Kinn.

»Jetzt bist du der Bischof Nikolaus!«

Lore erzählt eine Geschichte über den alten, echten Nikolaus, dann bekommt jedes Kind einen Jutesack mit Dörrobst und Lebkuchen. In jedem Sack ist zuunterst noch eine kleine Überraschung: eine Glaskugel zum Beispiel, ein Radiergummidrachen, ein als Käfer bemalter Stein. Sehr zufrieden geht Fabian mit Christa und Christas Opa nach Hause.

»Machen wir einen Umweg über den Markt!« bittet er.

»Meinetwegen!« sagt Christas Opa. Auf dem Marktplatz muß er dann ein bißchen staunen. Denn Fabian rennt auf einen Weihnachtsmann zu, der seine rote Kapuze tief übers Gesicht gezogen hat. »Hallo, Boia!« Er drückt dem Weihnachtsmann einen Lebkuchenstern aus seinem Jutesack in die Hand. »Für dich!«

»Oh! – Gruß vom echten Nikolaus?«

»Vom echten Kindergarten-Feier-Spiel-Nikolaus!« sagt Fabian.

Bischof Nikolaus und das Getreideschiff

Das Land, das heute Türkei heißt,
gehörte vor langer, langer Zeit
zum Römischen Kaiserreich.
Ein Teil dieses Landes hieß Kilikien,
und seine Hauptstadt war Myra.
In Myra hatten die Priester
einen neuen Bischof gewählt, den Nikolaus.
Das Volk war zufrieden mit dieser Wahl.
»Gutgemacht!« riefen die Leute.
»Nikolaus ist ein Menschenfreund
und Gottes Freund.«
In allen Sorgen und Nöten kamen sie zu ihm,
denn Nikolaus half jedem.
Er fragte nicht, woher einer kam
und welche Religion er hatte.
Er gab allen zu essen, die hungrig waren.
In seinem Bischofshaus
saßen die Bettler mit ihm zu Tisch.
Eines Tages aber – es war ein trockener Sommer,
und auf den Feldern verdorrten die Früchte –
kam der Koch zu Nikolaus und sagte:
»Lieber Herr Bischof, deine Vorratskammer ist leer,

und es gibt nirgends Korn zu kaufen.
Die Sonne hat die Felder ausgedörrt.
Überall im Land hungern die Menschen.
Es gibt auch nicht Fisch zu kaufen,
denn der Sturm auf dem Meer
hat die Fischerboote weggeblasen.
Rede mit Gott! Wenn nicht ein Wunder geschieht,
verhungern wir alle!«
Bischof Nikolaus rief zu Gott
und bat ihn um Hilfe.
Im Traum sah er ein großes Segelschiff
voll von Getreide.
Da ritt er am nächsten Morgen
auf seinem Esel an die Küste,
in die Hafenstadt Andriake.
Viele hungrige Kinder lungerten dort herum
mit Bettelschalen in den Händen.
Vom Turm des Hafens meldete der Wächter
ein großes Schiff.
Da kam es schon angerauscht mit weißen Segeln
und der Flagge des römischen Kaisers.
Es hatte in Ägypten Getreide geladen
und war auf der Fahrt nach Konstantinopel,
der goldenen Kaiserstadt.
In Andriake wollten die Seeleute
nur frisches Wasser an Bord nehmen.
Von weit und breit strömten die Menschen
zusammen, Fischer und Bauern, Alte und Junge,

sie standen wie eine Mauer am Strand
und riefen: »Erst gebt uns Korn,
dann dürft ihr hier Wasser holen!«
Der Kapitän sagte: »Das Korn gehört dem Kaiser.
Ich darf nichts davon verkaufen!
Wenn ihr uns kein Wasser gebt,
holen es meine Soldaten mit Gewalt!«
Schon standen die Bogenschützen bereit,
Knechte mit Schleudern und Speeren
und Soldaten mit blitzenden Schwertern.
»Halt!« rief Bischof Nikolaus. »Wir wollen
friedlich verhandeln!«
Er ging zum Kapitän aufs Schiff
und sagte: »Wenn Kaiser Konstantin wüßte,
wie sehr die Menschen hier hungern,
er würde dir befehlen, uns Korn zu geben.«
»Schon möglich«, sagte der Kapitän,
»aber ich habe keinen solchen Befehl.
Ich kann euch nichts abgeben,
denn von der Ladung darf nichts fehlen,
es wird alles genau überprüft!«
Nikolaus faltete die Hände.
»Nun hilf uns, Gott!«
Er sagte zum Kapitän:
»Ich, der Bischof von Myra, schwöre dir,
dein Schiff wird genauso schwer beladen
weiterfahren, wie es angekommen ist,
obwohl du uns Korn gibst.«

Der Kapitän lachte. »Na, das schau ich mir an!«
Nikolaus winkte zum Land hin und rief:
»Welches Kind wagt es
und setzt sich mit seiner leeren Schale
hierher aufs Schiff?«
Da lief ein Kind die Planke herauf,
setzte sich Nikolaus zu Füßen
und stellte die Bettelschale
vor sich hin auf den Boden.
Der Kapitän ließ einen Matrosen
an einer Strickleiter bis zum Wasserspiegel
hinunterklettern und an die Schiffswand
einen dicken Kreidestrich zeichnen.
»Bis hierher liegt das Schiff im Wasser.
Nun nehmt euch Getreide,
solange der Kreidestrich auf derselben Höhe liegt!«
Nikolaus nickte. »Laß die Leute herauf!«
Mit Körben und Krügen, Säcken und Schürzen,
Mützen und Tüchern, Schüsseln und Töpfen
holten die hungernden Menschen das Korn vom
Schiff, ohne zu drängen und ohne zu streiten.
Der Kapitän stand über die Reeling gebeugt
und starrte auf den Kreidestrich:
Nicht um eine Handbreit war das Schiff
aus dem Wasser gestiegen!
»Wie ist das möglich?« schrie er.
»Mein Schiff liegt genauso tief im Wasser,
als wäre es vollbeladen!«

Nikolaus zeigte auf die Bettelschale.
»So schwer, Kapitän, wiegt die leere Schale,
so schwer wiegt der Hunger eines einzigen Kindes.
Bring diese Schale dem Kaiser, und sag ihm,
er muß uns helfen! Bis er uns Hilfe schickt,
reicht das Korn, das du uns gelassen hast.«
Der Kapitän sah das Kind und die Schale an.
Er füllte selber einen Krug mit Korn und gab ihn
dem Kind. »Damit du nicht leer ausgehst!«
Nikolaus segnete das Schiff und alle Matrosen,
Knechte, Soldaten, samt ihrem Kapitän,
nahm das Kind auf den Arm und trug es an Land.
Die Männer von Andriake schleppten frisches
Wasser in Schläuchen und Krügen an Bord und
wünschten den Seeleuten eine glückliche Fahrt.
Indessen drehten die Frauen schon die Getreide-
mühlen und mahlten das Korn zu Mehl.
»Gott hat uns geholfen«, sangen sie,
»durch seinen Freund, unsern Bischof Nikolaus.«

Sankt Nikolaus

Sankt Nikolaus, du Kinderfreund,
es gibt noch Arbeit für dich!
Stell den Fernseher an,
dreh das Radio auf,
dann weißt du, wo du gebraucht wirst!
In Bosnien, in Tschetschenien,
in Afrika, im Fernen Osten,
überall auf der Welt!
Kinder hungern und sterben im Krieg.
Sie verkaufen sich auf den Straßen.
Sie fürchten sich in den Armen der Mütter.
Nikolaus, hast du noch Beutel voll Gold,
wie du sie heimlich in dunkler Nacht
ins Haus deines Nachbarn warfst?
Nikolaus, ist deine Stimme
noch kräftig wie damals,
als du den ungerechten Richter
aus dem Schlaf schreien mußtest?
Kannst du noch Feuer löschen
und Schiffe im Sturm
in den rettenden Hafen lenken?
Dann geh an die Arbeit, heiliger Nikolaus,
ich will dir helfen:
Ich hole der alten Frau auf Tür sieben
frische Semmeln vom Bäcker am Eck.

Ich nehme beim Rodeln das Kind von nebenan
auf meinen neuen Schlitten.
Und mit Ahmed, der aus dem Land kommt,
wo du gelebt hast,
teile ich den großen Schoko-Nikolaus,
den mir die Eltern in deinem Namen
in meinen Stiefel geschmuggelt haben.

Der Fischerbrunnen

Am Fischmarkt stehen keine Fischbuden mehr, dort gibt es nur noch ein einziges, großes, hellbeleuchtetes Fischgeschäft. Fabian begleitet die Oma zum Einkaufen. Ist das ein Gedränge, Geschiebe, Gelaufe! Haben die Erwachsenen nichts anderes zu tun als einzukaufen? Sie schleppen Pakete, Taschen und Körbe; manche tragen sogar einen Rucksack auf dem Rücken. Fabian hat Angst, in diesem Gewühl verlorenzugehen. Er hält sich an Omas Mantel fest.

»Nicht so schnell, Oma!«

Die Oma geht langsamer.

Vor dem Fischerbrunnen packt Fabian den Oma-Mantel mit beiden Händen.

»Bleib stehen!«

Die Oma bleibt stehen. »Was ist los, Fabian?«

Fabian zeigt hinauf zur Brunnenfigur, einen pudelnackten kleinen Jungen, der zwei Fische hält. Aus den Mäulern der Fische sprudelt das Wasser in zwei blitzenden Bögen.

»Jaja, Fabian, die wasserspeienden Fische, die hast du doch schon oft gesehen!«

»Aber was er auf dem Kopf hat!«

Die Oma schaut: Um den Kopf des Fischbübleins schlingt sich ein Kranz aus Tannenzweigen. Der ist mit zartem Lametta geziert. Vom linken Ohr des Brunnenjungen baumelt eine winzige silberne Christbaumkugel.

»Lustig«, sagt Fabian. »Wer hat ihn so geschmückt?«

»Einer, der sich auf Weihnachten freut«, sagt die Oma. »Einer, der Zeit hat, sich zu freuen …«

Die rosa Kerze

Am dritten Sonntag im Advent zündet die Oma die rosa Kerze am Adventskranz an.

»Wißt ihr, was die rosa Kerze sagt?«

Fabian weiß es nicht.

Herr Mario weiß es nicht.

»Es ist die Freudenkerze«, erklärt die Oma. »Die rosa Kerze sagt den Menschen: Freut euch!«

»Dazu brauch ich keine rosa Kerze«, brummt Herr Mario. »Ich freu mich jedesmal, wenn ich bei dir bin!«

»Ich freu mich auch!« ruft Fabian.

»Es gibt aber Zeiten im Leben, in denen es schwer ist, sich zu freuen«, meint die Oma. »Jedesmal, wenn ich mir im Fernsehen die Nachrichten anschaue, will mir die Freude verschwinden. So viel Trauriges geschieht in der Welt. Trotzdem zünde ich die Freudenkerze an … Da war einmal ein Mann, der die ersten Christen gejagt hat, die ersten Freunde von Jesus, dem Gottessohn. Paulus war sein Name. Der hat eines Tages etwas Wunderbares erlebt. Jesus Christus ist in all seiner himmlischen Herrlichkeit zu ihm gekommen und hat mit ihm geredet. Er hat Paulus aus einem Feind in einen treuen Freund verwandelt. Von da an wollte Paulus allen Menschen in der Welt von

Jesus erzählen. Er hat gesagt: Es gibt nur einen einzigen Gott, der hat uns seinen Sohn Jesus geschickt, als unseren Bruder ... Damals haben viele Menschen gedacht, der römische Kaiser, der sie regiert, ist auch ein Gott. Sie haben gemeint, es gibt viele Götter, und der Paulus soll die Leute nicht durcheinanderbringen. Sie haben ihn ins Gefängnis gesperrt. Aber auch im Gefängnis hat Paulus nicht aufgehört, sich über Gott und seinen Sohn Jesus zu freuen. Er hat an seine Freunde einen Brief geschrieben: Freut euch! Jesus ist ein guter Grund, sich zu freuen, und er ist uns nahe. Ein Mensch, der sich freut, ist zu allen anderen Menschen freundlich. Dann merken auch die: Holla, es gibt Grund zur Freude. Wer sich auf Gott verläßt, muß sich um nichts im Leben Sorgen machen.«

Fabian denkt nach. »Das hat er alles im Brief geschrieben?«

»Ja.«

»Ich möchte auch gern einen Brief schreiben, zum Beispiel an den Onkel Peter. Der macht sich näm-lich Sorgen, ob er in seiner Firma bleiben kann – sagt der Papa. Schade, daß ich noch nicht schrei-ben kann!«

»Oh, Fabian, du kannst einen Brief zeichnen! Und ich schreibe die Adresse auf den Umschlag.« Die Oma holt eine weiße Karte aus der Tischlade.

Fabian zeichnet einen Adventskranz mit vier Kerzen. Drei sind violett, eine ist rosa. Fabian zeichnet einen goldgelben Lichtschein um die rosa Kerze. Dann schreibt er BUSSI FABIAN darunter. Das sind die einzigen Wörter, die er schon schreiben kann, mit Buchstaben, die lustig herumwackeln.

»Ein guter Trostbrief«, sagt Herr Mario. »Dein Onkel wird ihn schon verstehen.«

An diesem Abend findet Fabian eine wunderschöne Briefmarke in der Adventschürze, eine Weihnachtsbriefmarke: Hirten mit Schafen, und darüber ein heller Stern.

»Was, ausgerechnet heute die passende Marke!«
ruft Herr Mario. »Was für ein hübscher Zufall!«
Fabian schmunzelt. Er streckt die Zunge heraus,
schleckt die Marke ab und klebt sie auf den Brief-
umschlag.
»Gewöhn dich dran, Mario!« sagt er. »Bei der
Oma gibt es öfters so einen Zufall.«

Was alles in einer Adventschürze Platz hat

Ein Tannenzweiglein,
ein Fichtenzweiglein,
ein Föhrenzweig,
ein Tannenzapfen,
ein Fichtenzapfen,
ein Föhrenzapf –
wer will da nicht Forscher werden?

Zehn Haselnüsse,
zehn Ringlein zum Schrauben,
Pinsel und goldene Farbe
und goldener Draht –
wer will da nicht Christbaumschmuck basteln?

Zuckerperlen in allen Farben,
Mandelblättchen und Schokostreusel –
wer will da nicht Kekse verzieren?

Ein Futterring für die Meisen,
ein rotes Band –
wer will da nicht gleich in den Park
und den richtigen Ast dafür suchen?

Ein Knäuel moosgrüner Wolle,
eine Spange fürs Haar,
wie ein Schäfchen geformt,
ein Restchen Seidenpapier –
wer will daraus nicht auf der Stelle
einen Überraschungsknäuel
für eine Freundin wickeln?

Pizza und grüne Nudeln

»Versprochen ist versprochen!« sagt Herr Mario zur Oma. »Nächsten Montag, an unserem Ruhetag, ist Pizzafest nur für deine Kinder.«

»Laß mich dabei helfen, Mario, Herr Mario«, bittet Fabian.

»Prima!« ruft Herr Mario. »Du wirst helfen, und Ahmed auch. Übrigens kannst du ruhig Mario zu mir sagen. Sind wir nicht schon alte Freunde?«

»Find ich ja auch!« murrt Fabian. »Aber die Mama hat gesagt, ich soll Herr Mario sagen!«

Herr Mario schaut die Oma an.

Die Oma seufzt.

»Am liebsten würde ich Opa Mario zu dir sagen«, flüstert Fabian. »Die Christa meint auch, daß das am besten klingt.«

»Diese Christa scheint ein sehr liebes, gescheites Kind zu sein«, sagt Herr Mario vergnügt. »Wollen wir sie zum Pizzafest einladen? Helfer brauchen wir genug, es können ja nicht alle Kinder allein essen!«

Die Oma nickt. »Frag die Christa, ob sie mag, Fabian. Und bis Weihnachten sag ruhig Mario zu Mario, dann werden wir weitersehen!«

Die Kinder aus Omas Klasse kommen mit einem kleinen Bus. Der Fahrer hebt die Rollstuhlkinder heraus, ein Zivildienstler hilft den Krückenkindern.

Fabian geht zu einem Rollstuhljungen. »Du bist der Andi, gelt?«

Der Junge lacht, zeigt auf seine Brust und nickt.

»Andi, magst du neben mir sitzen?«

Andi macht den Mund auf und schreit. Es ist ein Freudenschrei.

»Gut«, sagt Fabian. Er weiß, daß Andi nicht sprechen kann, nur lachen und weinen und schreien. An der Art, wie Andi schreit, merkt man aber genau, ob er vergnügt oder wütend oder aufgeregt ist.

Endlich haben alle Kinder Platz gefunden, auch der Busfahrer und der Zivildienstler, der Oma bei den Kindern hilft.

Ahmed und Fabian laufen mit Colaflaschen hin und her, die Oma schenkt ein.

Christa verteilt weiße, warme Brotstangerln.

Die Tische sind schön gedeckt, Kerzen stecken in roten Äpfeln, Tannen- und Mistelzweige in kleinen Vasen. »Das Werk von Fabian, Christa und Ahmed!« sagt Herr Mario.

Andi tupft Fabian den Zeigefinger auf die Brust und hebt die Augenbrauen.

»Ja, ich!« sagt Fabian. »Ich habe mitgeholfen, denn Mario und ich sind alte Freunde, verstehst du.«

Andi versteht und lacht.

Nun hat jeder Gast zu trinken. Christa hält einem
Kind, das seine Hände nicht gebrauchen kann,
das Glas zum Mund. Sie macht das sehr geschickt.
Die Kerzen brennen. Der Zivildienstler hat seine
Gitarre mitgebracht. Er zupft ganz leise ein Lied.

Fabian setzt sich neben Andis Rollstuhl. »Nun kommt das Spannendste, Andi. Jetzt macht Mario Pizza für uns!«

Alle Kinder schauen zu, wie Herr Mario den Teig zu flachen Fladen drückt. Er wirft jeden Fladen in die Luft und fängt ihn wieder auf.

»Oh!« rufen die Kinder. Andi schreit begeistert.

Herr Mario belegt die Teigkreise mit Schinken und Salami, Gemüse und Fisch. So schnell geht das, daß man die einzelnen Handbewegungen kaum sieht. Rutsch – die Pizzascheiben fahren in den Ofen!

Herr Mario formt schon die nächsten.

Jede Pizza, die duftend aus dem Ofen kommt, wird mit Applaus und Geschrei begrüßt. Und dann wird es auf einmal still im Raum. Jedes Kind und jeder Erwachsener ist mit seiner Pizza beschäftigt. Kinder, die nicht selber essen können, werden von den anderen gefüttert.

In diese emsige Stille hinein knarrt die Tür der Pizzeria. Kälte und Schneeflocken wehen herein. Eine alte Frau steht auf der Schwelle. Sie stützt sich auf einen Stock und ruft mit tiefer Stimme: »Hab ich doch recht gesehen! Heute ist offen!«

»Nein, heute ist Ruhetag!« ruft Herr Mario.

»Ruhetag?! Und das hier, Sie kleiner Schwindler?! Herr Mario, machen Sie keine Witze mit mir!«

»Aber, aber, aber das sind besondere Gäste!« ruft

Herr Mario. »Tut mir leid, Frau Winkler. Heute ist geschlossene Gesellschaft. Für die Kinder aus der Behindertenschule.«
»Sehr gut«, sagt Frau Winkler und stößt die Tür mit dem Stock zu. »Da passe ich dazu. Oder meinen Sie, daß eine uralte halbblinde schwerhörige humpelnde Dame NICHT behindert ist?«
Sie nimmt den Hut ab.
»Heute kann ich ohne Hut dasitzen. Ich war am Samstag beim Friseur.«
Herr Mario neigt sich ganz nahe an Frau Winklers rechtes Ohr. »Eine Spe-zi-al-party für behinderte Kinder ...«
»Jaja«, sagt Frau Winkler. »Das hab ich schon begriffen. Die Kinder stören mich nicht. Ich möchte grüne Nudeln wie immer. Und nehmen Sie mir endlich den Mantel ab.«
Herr Mario blinzelt zur Oma hin.
Die Oma hebt die Schultern.
»Ach, laß sie da!« sagt Fabian leise zu Herrn Mario. »Die stört uns doch nicht, Andi, was?«
Andi schüttelt den Kopf und lacht.
Herr Mario nimmt Frau Winkler den Mantel ab.
Mit einem Seufzer setzt sich die alte Frau an einen freien Tisch. Andi rückt seinen Rollstuhl so, daß er sie sehen kann. Er stößt ein paar kleine Schreie aus.
Frau Winkler nickt ihm freundlich zu. »Guten

Appetit, deine Pizza riecht herrlich. Aber ich bleibe bei meinen grünen Nudeln. Bitte heute mit Broccoli, Champignons und Schinken.«

Herr Mario stöhnt. »Die muß ich aber extra – «

»Natürlich«, sagt Frau Winkler. »Ich habe es nicht eilig. Außerdem ist heute mein Geburtstag. Der achtundachtzigste. An einem Geburtstag soll man sich Zeit zum Essen nehmen, oder?«

»Herzlichen Glückwunsch!« sagt Herr Mario und rennt in die Küche. Die Oma zwinkert dem Zivildienstler zu. Der nimmt seine Gitarre. Die Kinder singen »Hoch soll sie leben« und »Happy Birthday«. Auch der Busfahrer singt mit.

Herr Mario kommt mit einem Glas Wein und singt den Geburtstagswunsch noch einmal auf Italienisch. »Tanti auguri, Frau Winkler …«

»Ich bin gerührt, wirklich wahr«, sagt die alte Frau mit ihrer tiefen Stimme. »Meine Verwandten haben nicht so schön gesungen, und keiner hat daran gedacht, eine Gitarre mitzunehmen … Ihr müßt nämlich wissen«, erklärt sie den Kindern, »daß ich am Samstag vorgefeiert habe. Weil meine Leute von weit hergekommen sind und den Sonntag zum Heimfahren gebraucht haben. Es war ein ganz nettes Fest. Aber das heute gefällt mir besser. Gitarre und Kinderchor, das ist schon etwas Besonderes.«

»Wärest du heute sonst ganz allein?« fragt Christa.

»Ja«, sagt Frau Winkler, »und das wäre doch ein bißchen trostlos.«

»Aber Sie könnten den ganzen Tag fernsehen, ohne daß Ihnen wer dreinredet«, sagt Ahmed.

»Könnte ich«, brummt die alte Frau. »Tu ich aber nicht. Ich stelle kein Radio und keinen Fernseher mehr an. Die Leute dort antworten mir nie, und ich lege Wert darauf, daß man mir antwortet, wenn ich was frage.«

Ein paar Kinder fangen zu kichern an.

»Aber – «, beginnt Fabian. »Aber – «

»Pst«, sagt die Oma leise. »Sehr alte Menschen werden manchmal ein wenig wunderlich …«

Herr Mario serviert Frau Winkler die grünen Nudeln, dann geht er wieder zurück ans Pizza-machen.

Er zwinkert der Oma zu. »Machen wir weiter mit unserem Programm!«

Der Zivildienstler spielt eine sanfte Melodie, dann singen die Kinder ein Adventslied. Andi singt nicht mit. Er klopft den Takt dazu.

»Warum singst du nicht mit, du?« fragt Frau Winkler.

Andi zeigt auf seinen Hals und schüttelt den Kopf.

»Unser Andi kann nur lachen oder weinen oder schreien«, sagt Fabian.

»Ich verstehe«, sagt Frau Winkler.

»Aber lesen und schreiben lernt Andi gerade«,

sagt die Oma stolz. »Mit einem ganz tollen Computer in unserer Schulklasse.«

»Interessant«, sagt Frau Winkler. »Warum hat er den nicht mit? Er könnte uns aufschreiben, was er uns sagen will.«

»Unser Computer ist zu schwer zum Mitnehmen«, sagt die Oma. »Es ist übrigens ein Computer, der auch sprechen kann. Andi wird bald gelernt haben, mit ihm umzugehen. Es gibt auch kleine Geräte zum Herumtragen, aber die sind leider zu teuer für uns.«

»Was, zu teuer? Himmelhölledonnerschlagschweinsdreckerei!« schimpft Frau Winkler. »So was sollte nicht zu teuer sein!«

Andi lacht. Er ruckt und zuckt mit dem Kinn. Er schwenkt die Arme und schreit.

»Ich glaube«, sagt Ahmed zu Frau Winkler, »ich glaube, er will, daß Sie noch einmal so schön schimpfen.«

»Ah, soll ich wirklich, Andi?« fragt Frau Winkler. Andi nickt. Fabian nickt. Alle Kinder nicken. Frau Winkler holt tief Luft und brüllt wie ein Stier: »Himmelhölledonnerschlagschweinsdreckerei!« Andi klatscht in die Hände. Alle Kinder klatschen in die Hände.

Herr Mario bringt frische Pizza.

»Du wolltest uns auch eine Geschichte vorlesen«, erinnert er die Oma.

Schnell holt die Oma ein Buch aus der Tasche. Sie liest vor, wie Maria und Josef auf Herbergssuche sind. Das Jesuskind soll bald auf die Welt kommen, aber die Gasthäuser in Betlehem sind alle rappelvoll. Kein Wirt will das heilige Paar hereinlassen. Manche Wirte befürchten auch, daß Maria und Josef kein Geld zum Bezahlen haben, und umsonst wollen sie nichts hergeben. Endlich findet Josef eine Höhle außerhalb der Stadt. Sie wird als Stall benutzt. Ein Ochs und ein Esel stehen an der Futterkrippe. »Ist es dir recht da?« fragt Josef. »Aber ja«, sagt Maria. »Hör doch, wie freundlich die Tiere schnauben.«

»Dazu kenne ich ein Lied!« sagt der Zivildienstler eifrig und zupft ein paar Akkorde auf seiner Gitarre. »Wer klopfet an?«

»Hoho, das kenn ich auch!« sagt Frau Winkler. »Wer klopfet an? Ach, zwei gar arme Leut ... Also dann los, junger Mann!«

Niemand hätte gedacht, daß die alte Frau noch so kräftig singen kann. Die Oma singt mit. Es ist das Lied vom Wirt, der Josef und Maria nicht aufnehmen will.

Frau Winkler wischt sich über die Augen. »Ein sehr unpassendes Lied war das, für den heutigen Tag!« ruft sie. »Denn Sie, lieber Herr Mario, sind kein hartherziger Wirt! Sie hätten Maria und Josef hereingelassen.«

»Ach Gott, wer weiß«, sagt Herr Mario.

»Doch«, sagt die Oma. »Du hättest sie hereingelassen.«

Herr Mario dreht sich um, rennt in die Küche und kommt mit einem Tablett voller Schüsselchen zurück. »Zum Abschluß Obstsalat!«

Auch Frau Winkler ißt Obstsalat. Dann steht sie auf und läßt sich von Herrn Mario in den Mantel helfen. »Auf Wiedersehn, allseits!« sagt sie mit sehr tiefer Stimme. »Ich hoffe, das wird von nun an eine ständige Einrichtung, Herr Mario. Zu meinem Geburtstag jedesmal ein adventliches Pizzafest mit diesen netten Kindern da. Danke für diese Idee!«

Sie humpelt zur Tür hinaus, schwer auf ihren Stock gestützt.

Andi winkt und lacht.

Ahmed seufzt und hält sich den Bauch. »Bin ich satt«, flüstert er. »Das war ein Fest! Das spannendste Fest, das ich je erlebt habe!«

Die Tratsch-Ratsch-Klatsch-Plapperkiste

Die Oma kommt ganz aufgeregt zur Tür herein.
Sie nimmt sich nicht einmal Zeit, Anna am Hals zu
kitzeln.

»Ich muß sofort mit euch reden«, sagt sie zu Fabian und der Mama.

Die Mama holt tief Luft. »Geht es um Herrn Mario?«

»Wieso um Mario … Nein, nein. Es geht um den
Andi in meiner Klasse«, sagt die Oma. »Eine
schlechte Nachricht und eine gute Nachricht.
Zuerst die schlechte. Der Andi muß für ein paar
Wochen ins Spital.«

»Jetzt gleich?« fragt Fabian. »Noch vor Weihnachten?«

»Ja, leider. Mit seinem Blut ist etwas nicht in Ordnung, und das muß behandelt werden.«

Die Mama seufzt. »Ach Gott. Und die gute Nachricht?«

Jetzt holt die Oma tief Luft. »Die Frau Winkler –
erinnerst du dich, Fabian?«

»Jaja, die mit dem Stock, die so tief gesungen hat
beim Pizzafest.«

»Ja, die. Die hat von ihren Verwandten ein tolles
Geldgeschenk zum Geburtstag bekommen, für
einen Urlaub oder so. Dieses Geld hat sie in die

Pizzeria gebracht und Mario übergeben. Für den Andi! Damit der einen tragbaren Sprechcomputer kriegt!« Die Oma schluckt und redet mit rauher Stimme weiter. »Also, dieses Geschenk kommt genau im richtigen Augenblick! Ich werde das Gerät so für den Andi programmieren, daß er im Spital die wichtigsten Sätze sprechen kann. Das heißt, er muß auf bestimmte Tasten drücken, und der Computer spricht für ihn.«

»Das finde ich ganz, ganz toll!« sagt die Mama.

Nun hat die Oma endlich Zeit, Anna am Hals zu kitzeln. Anna strampelt vor Vergnügen. »Stell dir vor, Anna«, sagt die Oma, obwohl Anna ja noch gar nichts verstehen kann außer dem Klang einer Stimme, »stell dir vor, Anna, der Andi wünscht sich deinen großen Bruder als Stimme!«

Fabian staunt. »Mich, als Stimme? Wie denn?«

»Die Sätze, die der Computer spricht, müssen im Gerät gespeichert werden«, sagt die Oma. »Irgendeiner muß sie also sprechen. Unser Schuldirektor oder ich oder unser Zivi. Aber der Andi hat auf das Foto vom Martinsfest gezeigt, wo auch du mit drauf bist, Fabian. Er hat auf dich gezeigt und solang geschrien, bis wir begriffen haben! Möchtest du ihm mit deiner Stimme helfen?«

»Ja!« ruft Fabian.

Die Mama wiegt den Kopf hin und her. »Ob der Fabian das schafft?«

»Es sind ganz einfache Sätze, die muß man klar und deutlich sprechen«, erklärt die Oma. »Zum Beispiel: Wann kommt die Mama? Wann kommt der Papa? Ich muß pipi. Ich will trinken … Und bei Spritzen und Behandlungen muß der Andi fragen können: Wozu ist das gut?«

»Ich muß pipi«, sagt Fabian klar und deutlich. »Schaff ich doch leicht! Wann kommt der Papa? Wozu ist das gut?«

Am nächsten Tag fährt die Oma mit Fabian ins Kinderspital zu Andi. Andi sitzt in seinem Rollstuhl und schreit, als er Fabian sieht. Es ist ein Freudenschrei.

»An die Arbeit!« ruft die Oma vergnügt.

Sie zeigt Fabian den Computer. Er sieht aus wie eine kleine Kiste und hat 16 große weiße Tasten. Auf manche Tasten hat die Oma kleine bunte Bildchen geklebt. Die hat sie selber für Andi gezeichnet, weil er ja erst angefangen hat, schreiben zu lernen: eine Uhr. Ein Fragezeichen. Einen Männerkopf, das soll Andis Papa sein. Einen Frauenkopf, das bedeutet Mama. Ein Glas, einen Teller, ein Klo, eine Lampe, ein Bilderbuch.

Wenn Andi zum Beispiel die Tasten mit Fragezeichen, Uhr und Mamakopf drückt, wird der Computer fragen: »Wann kommt die Mama?«

Wenn Andi die Taste mit dem Glas drückt, wird die Computerstimme sagen: »Ich will trinken.«

Aber alle diese Fragen und Sätze muß Fabian nun sprechen, damit die Oma sie aufnehmen und speichern kann. »Fangen wir an, Fabian?«

Fabian spricht jeden Satz laut und deutlich. »Ich muß pipi. Wann kommt die Mama? Erklär mir, was du mit mir machst. Wozu soll das gut sein? Gib mir ein Bilderbuch!«

Dann drückt die Oma auf ein paar Tasten, und Fabian hört seine eigene Stimme aus der Computerkiste. Sie kommt ihm fremd vor. »So rede ich?« Andi nickt und lacht.

Kinder aus anderen Krankenzimmern kommen herein und bestaunen den Computer. »Was ist das? Eine Quasselkiste? Eine Quatschkiste! Oh, so eine

lustige Plapperkiste! Die kann ratschen und trat-
schen!«

»Ich seh, wir brauchen noch ein Bild!« sagt die
Oma zu Andi und zeichnet einen winzigen Computer mit winzigen Tasten. »Sie werden dich hier
nämlich dauernd fragen, was das für ein Gerät ist.
Wie nennen wir es?«

Fabian denkt nach. »Tratsch-Ratsch-Klatsch-Plap-
perkiste!«

Andi schreit vor Begeisterung.

Erst beim Wiederholen und Aufnehmen merkt
Fabian, was für ein schwieriges Wort er sich ausgedacht hat. Ein echter Zungenbrecher!

Endlich ist die Oma zufrieden. »Gut gemacht,
Fabian! Jetzt brauchen wir nur noch ein Wort zum
Schimpfen. Ich finde, ein Kind im Spital muß
auch einmal schimpfen dürfen! Denn wenn Andi
nur schreit und mit den Armen fuchtelt, versteht
ihn keiner.« Sie zeichnet ein zorniges Gesicht und
klebt es auf eine Taste. Dann ruft sie die Oberschwester.

»Welches Schimpfwort nehmen wir denn? Welches halten Sie gut aus?«

Die Oberschwester lächelt. »Oh, wir halten alles
aus, was dem Andi Spaß macht!«

»Dummkopf?« schlägt die Oma vor. »Oder: Zum
Kuckuck?«

Andi schüttelt den Kopf.

»Oberspinner?« fragt Fabian. »Superdodel? Mist, verflixter?«

Auch die anderen Kinder machen Vorschläge. »Dreck, blöder! Sauerei! Mistkerl! Ferkel! Saustall!«

Nichts davon gefällt Andi. Er nimmt einen Bleistift und fängt zu zeichnen an: eine Frau mit einem Stock. Eine Schüssel mit Kringeln und Schleifen. Dazu brüllt Andi mit tiefer Stimme.

»Die Frau Winkler!« schreit Fabian. »Die hat so schön geschimpft! Himmelschweinerei oder so!«

Die Oma versucht sich zu erinnern. »Himmelhölledonnerblitz?«

Andi schüttelt den Kopf. Tränen rinnen über seine Wange.

»Warte, Andi, zum Weinen gibt es noch keinen Grund!« sagt die Oma. »Ich rufe einfach die Frau Winkler an!« Sie geht telefonieren.

Die Kinder warten gespannt.

»Ich hab's!« ruft die Oma schon von weitem. »Himmelhölledonnerschlagschweinsdreckerei!«

Andi stößt einen Freudenschrei aus.

Fabian muß das Wort erst lernen. Er wiederholt es viermal, fünfmal, zehnmal. Immer wieder verhaspelt er sich. Andi ruckt und zuckt mit dem Kinn und schlägt bittend die Hände zusammen.

Fabian schwitzt vor Anstrengung. Dieses blöde Wort, warum schafft er es nicht? Er wird wütend auf sich selber.

»Himmelhölledonnerschlagschweinsdreckerei!«
Zum Glück hat die Oma die Speichertaste gedrückt.

Wenn man nun die Taste mit dem zornigen Gesicht drückt, ertönt das Wort mit Fabians Stimme, so richtig laut und zornig.

Jedes Kind will wenigstens einmal die Taste drücken.

Andi ist zufrieden und sehr müde. Die Augen fallen ihm zu.

Fabian muß gähnen, gähnen und gähnen. »Uahh! Uahh!«

Die Oma probiert noch einmal alle Tasten aus. »Klappt wunderbar!« sagt sie. »Wir verabschieden uns!«

Fabian streichelt Andi die Hand. »Ich besuch dich zu Weihnachten!«

Andi lächelt und nickt mit geschlossenen Augen.

Später im Auto murmelt Fabian das Wort vor sich hin, er will es doch auch dem Papa vorführen: »Himmelhölledonnerschlagschweins-« Der Kopf sinkt ihm auf die Brust.

»Schweins-dre-«

An den tiefen Atemzügen merkt die Oma, daß Fabian eingeschlafen ist.

Bald

Wie schön die vierte Kerze brennt
im Kreis mit den drei andern!
Nun hat das Warten bald ein End,
das Suchen und das Wandern.

Marias Füße sind so müd,
Sankt Josef muß sie reiben.
Ein Hirtenfeuer qualmt und glüht,
die Wölfe zu vertreiben.

Im Berg die Höhle freut sich schon
mit Esel, Ochs und Schafen.
Hier wird der kleine Gottessohn
im Heu der Krippe schlafen.

Im Osten überm Himmelsrand
ein Stern mit hellem Funkeln!
Drei Königen vom Morgenland
weist er den Weg im Dunkeln.

Wie die Bauern
früher Weihnachten feierten

Die Weihnacht war nicht nur für Menschen da,
auch für Pflanzen und Tiere, für alles, was lebt.
Der Bauer ging zum Vieh in den Stall
und sagte: »Christ ist geboren!«
Er gab den Tieren ein feines Futter,
Hafer und Kleie mit Salz vermischt,
mit Äpfeln und Semmelbrocken.
Er ging zum Bienenhaus mit seiner
Weihrauchpfanne und schwenkte sie rund
um die Bienenkörbe.
»Auf, auf, in Gott's Nam,
helft's wiederum z'samm,
bringt's der Kirch a Kerzenwachs
und uns an Hönig,
an guaten, und net z'wenig.«
Nach der Mitternachtsmesse
ging die Bauersfamilie in den Obstgarten.
Alle Knechte und Mägde gingen mit.
Sie klopften mit Stecken
die Bäume munter.
»Baum, Baum, wach auf, setz Blüten auf!
Trag recht viel Äpfel oder Birn,
nicht nur fürn Bauern, auch für die Dirn.«
Die Mädchen umarmten die Bäume,

um die Weihnachtsfreude
an sie weiterzugeben.
Das Wasser im Bach bekam einen Tropfen Honig,
das Feuer im Herd einen Tropfen Wein.
Und es hieß, daß in der Christnacht
die Tiere sprechen können
und die Bäume aufblühen im Schnee
und alles Geschaffene eine Familie ist:
Mutter Erde, Pflanzen, Tiere und Menschen.

Wunschsterne

Anna liegt auf der Babywaage und plärrt. Sie kann das Abgewogenwerden nicht leiden.

Aber die Mama ist glücklich.

Anna hat zugenommen!

»Ich hab's ja schon vermutet«, sagt die Mama zu Fabian. »Beim Baden und Wickeln und Pudern – da war einfach mehr da. Noch keine Speckfalten, das nicht, aber alles weicher und runder. Ich muß sofort den Papa anrufen!«

Sie wickelt Anna in Windelhose und Strampelanzug und legt sie sich auf die Schulter.

Dann geht sie zum Telefon.

»Stell dir vor, Anna hat zugenommen! 110 Gramm in fünf Tagen. Toll, nicht? Ja, das müssen wir feiern.«

Fabian wundert sich.

Wenn er am Morgen im Badezimmer auf die Waage steigt, wirft der Papa nur einen schnellen Blick auf den Zeiger, liest das Gewicht ab und sagt: »Jaja, ganz in Ordnung.« Oder er sagt: »Mußt du denn immer auf der Waage herumhüpfen?« Oder er fragt: »Siehst du nicht, daß ich mich grad rasiere?«

Wieviel Fabian wiegt – das war noch nie ein Grund zu feiern!

Fabian geht zu Oma und Mario hinauf und fragt: »110 Gramm, wieviel ist das?«

»Naja, vielleicht die Hälfte von einer größeren Banane - «, meint die Oma.

»Spaghetti für eine ordentliche Portion«, sagt Mario. »Oder neun bis zehn Blatt Schinkenwurst. Oder fünfeinhalb Eßlöffel ungekochter Reis. Oder eine große Tasse Mehl. Oder drei Ecken Schmelzkäse.«

»Und wegen drei Ecken Käs regen die sich so auf?« fragt Fabian.

»Wer, die?« fragt Mario.

»Die Mama und der Papa. Weil die Anna zugenommen hat.«

»Um 110 Gramm?« ruft die Oma. »Na, Gott sei Dank!«

»Du spinnst genauso wie die da unten!« schreit Fabian.

Mario legt seine Hand auf Omas Arm. »Wieviel wiegst du, Fabian?«

»Hab ich vergessen. Ist auch egal. Dem Papa jedenfalls ist es egal.«

»Wenn du um eine halbe Banane zunimmst, sieht man das kaum«, sagt Mario. »Du bist ein großer Junge, kriegst beim Spielen ganz rote Wangen, rennst herum, ohne müde zu werden. Du hast lustige Ideen, und deine Augen blitzen. Daran merkt man, daß du gesund bist. Deine Schwester ist noch sehr klein. Sie muß wachsen und zunehmen, jede Woche ein bißchen.«

Florian nickt. Er geht in Omas Badezimmer und guckt in den Spiegel.

Blitzen seine Augen?

Sie sind groß und blaugrau, es funkelt darin, es leuchtet. Vielleicht hat Mario das gemeint?

»Du hast wunderschöne Augen«, sagt die Oma von der Küche her. »Das Blaugrau, das hast du von deinem Großvater geerbt. Schade, daß du ihn nie gekannt hast. Welche Augenfarbe hat eigentlich Anna?«

»Das weißt du nicht? Braun, mit einem kleinen goldenen Rand.«

»Aha. Dann hat sie die Augen vom Papa geerbt.«

Fabian setzt sich zu Mario an den Küchentisch und fragt: »Wann wird die Anna eigentlich ein Mensch?«

»Wie bitte?!«

»Wann wird sie ein Mensch?« fragt Fabian noch einmal.

»Sie ist doch schon ein Mensch!« ruft die Oma.

»Aber noch kein richtiger«, sagt Fabian.

Mario trinkt geruhsam seinen Kaffee. »Ein richtiger Mensch, wie schaut der aus, und was tut er?« fragt er zwischen zwei Schlucken.

»Na, er geht zum Beispiel in den Kindergarten«, sagt Fabian.

»Bis Anna in den Kindergarten geht, dauert's bestimmt noch drei Jahre«, sagt die Oma. »Dreimal Weihnachten feiern, dreimal Ostern, dreimal Geburtstag für jeden von uns ...«

»Solang warten!« sagt Fabian erschrocken. »Da braucht die Mama aber noch viel Geduld.«

An diesem Abend hätte er beinahe die Adventschürze vergessen. Die Oma muß ihn erinnern.

In der Tasche steckt ein Streifen mit Klebesternchen, dazu ein Zettel. Die Oma liest vor: »Sag bei jedem Stern einen guten Wunsch, dann kleb ihn, wohin du willst.«

»Oh«, sagt Fabian. »Das muß ich mir aber gut überlegen!«

Am nächsten Morgen entdeckt die Mama einen winzigen goldenen Klebestern an der Babywaage. »Hallo, was bedeutet das?«

»Es ist ein Wunschstern«, sagt Fabian. »Er bedeutet: Die Anna soll bald wieder um drei Käse-Eckchen dicker sein!«

»Du bist ein sehr netter Bruder, Anna hat Glück mit dir ...«

An diesem Tag findet Fabian in der Adventschürze einen Umschlag mit kleinen Fotos. Lauter Babys: mit und ohne Haare, mit und ohne Häubchen. Lachende, brüllende, schlafende Babys.
Fabian staunt. »Nanu?«

»Jetzt kannst du raten«, sagt die Oma vergnügt. »Erkennst du jemand?«

Fabian erkennt Anna. Dann tippt er den Finger auf ein Baby, das Anna sehr ähnlich sieht. »Bin das ich?«

»Ja«, sagt die Oma. »Du warst das schönste Baby, das ich je gesehen habe. Und das ist der Papa ... die Mama ... der Onkel Peter ... und das bin ich.«

Fabian lacht. »Wie der Runzelschmunzelzwerg aus meinem Bilderbuch!«

Mario streckt die Hand nach Omas Babyfoto aus. »Das muß ich mir genau anschauen. Mamma mia! – Fabian, ist aus diesem komischen Baby nicht eine wunderbare Oma geworden?«

»Doch ... Nun möcht ich ein Babybild von dir sehen, Mario!«

»Leider hab ich keines. Nur ein Bild, wie ich als zehnjähriger Junge mit meiner Mutter vor unserem Haus stehe.«

Er kramt in seiner Brieftasche und zieht ein Foto heraus: ein dunkelhaariger schmaler Bub neben einer dunkelhaarigen rundlichen Frau vor einem kleinen weißen Haus.

»Das ist eine liebe Mama, deine Mama«, sagt Fabian.

Mario nickt. »Und rund ums Haus waren Orangenbäume, und vom Dachfenster aus hat man das Meer gesehen. Ach, das war eine schöne Zeit!«

»Möchtest du da wieder hin, Mario?«

»Ach, ich weiß nicht … Ja … aber nicht allein …«

Als Herr Mario am nächsten Tag in sein Auto steigt, sieht er zwei Sternchen in der linken unteren Ecke seiner Windschutzscheibe kleben: ein rotes und ein blaues, eng an eng, ihre Zacken berühren einander. Es sieht aus, als gingen da zwei miteinander spazieren, Hand in Hand.

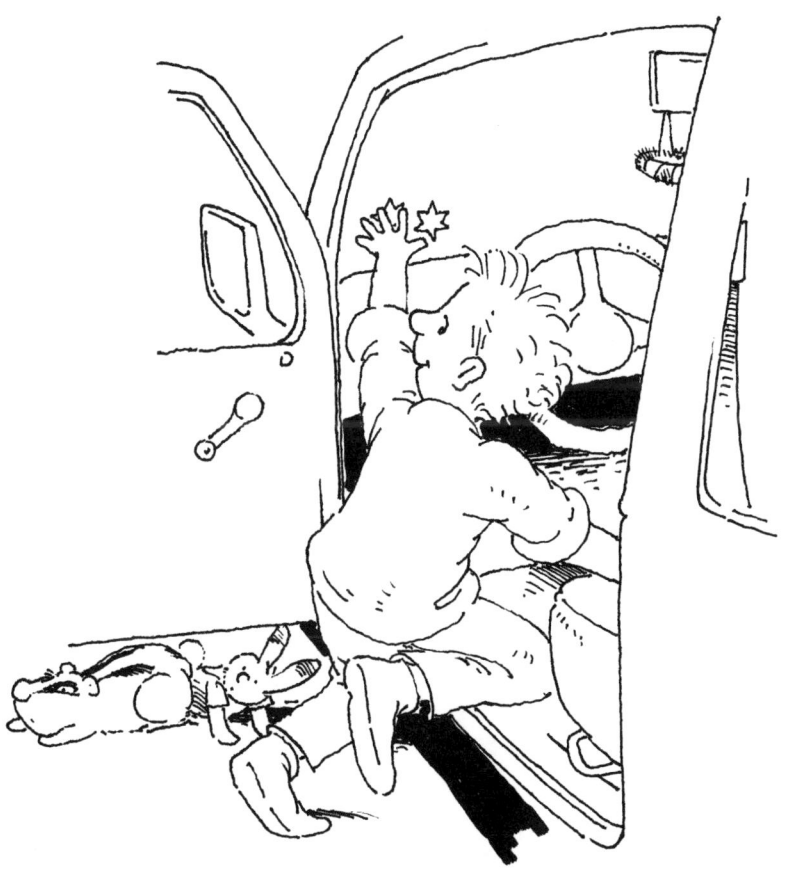

Der Vorweihnachtskrach

Fabian sitzt am Küchentisch und weicht Strohhalme in einer Wasserschüssel ein. Aus den nassen, weichen Halmen will er Bündel machen und aus den Bündeln einen großen Stern.

Er erzählt der Mama, was er geträumt hat:

»Wenn die Oma in Pension ist, zieht sie mit dem Mario nach Italien. Dort ist ein kleines, weißes Haus mit Orangenbäumen rundherum. Vom Dachfenster aus sieht man das Meer. Das ist blau und rauscht. Im Haus ist eine Pizzeria. Der Mario kocht, und die Oma saust mit den Tellern herum. Ich und die Anna, die Christa, der Thomas, der

Ahmed und der Andi sind auf Besuch und essen Kinderspezialpizza ...«

Die Mama starrt Fabian an. »Was redest du da? Die Oma will mit Herrn Mario nach Italien?! Und uns allein lassen? Das ist doch verrückt!«

Sie läuft ins Wohnzimmer, wo der Papa vor dem Fernseher sitzt. »Stell dir vor, was für Pläne die Oma hat!«

Aber nein! will Fabian rufen. Das war doch ein Traum!

Aber vor Schreck bringt er kein Wort hervor.

So wilde Augen hat die Mama gemacht!

Und jetzt redet der Papa mit lauter Stimme.

Fabian hört, wie die Mama zum Telefon geht und wählt.

»Oma, kannst du herunterkommen? Wir müssen einmal vernünftig miteinander reden! So geht das nicht weiter!«

Fabian geht ins Vorzimmer. »Du, Mama, das ist doch alles überhaupt nicht wahr, das heißt, wahr schon, aber geträumt ...«

Die Mama hört gar nicht zu. Sie schiebt Fabian ins Kinderzimmer. »Da spiel jetzt schön, und stör uns nicht!«

Fabian setzt sich auf einen Hocker und nimmt seinen Dachs auf den Schoß. Der Dachs ist aus weichem Webstoff gemacht und hat schwarze Pfoten und eine schwarzweiße Nase. Es ist ein Geschenk von der Oma. Ein Zwischendrin-Geschenk, nur weil Fabian damals im Spital dem Andi mit seiner Stimme so toll geholfen hat.

»Dachs«, flüstert Fabian. »Jetzt hör dir die an!«

Aus dem Wohnzimmer tönen drei Stimmen, zwei zornige und eine lachende.

Die lachende gehört der Oma. Aber nun wird auch sie böse und laut.

»... daran gewöhnen, daß ich ein eigener Mensch bin und Recht auf ein eigenes Leben habe! Und wenn ich wirklich noch einmal heirate, dann ist das meine Sache und nicht eure Sache!«

Fabian fühlt sein Herz klopfen. Ganz stark klopft es, genau in der Halsgrube! Er zwängt den Dachs unter den Arm und rennt ins Wohnzimmer. »He, Oma, du darfst nicht heiraten! Sonst kränkt sich der Mario!«

Die drei Erwachsenen schauen Fabian an.

Dann fängt der Papa zu schmunzeln an.

»Falls die Oma heiratet, dann sowieso Herrn Mario!«

»Dann bin ich beruhigt«, sagt Fabian und will wieder gehen.

»Halt, bleib da!« ruft die Oma. »Warum hast du erzählt, daß Mario und ich in Sizilien eine Pizzeria eröffnen wollen?«

»Wo?« fragt Fabian erstaunt.

»In einem weißen Haus am Meer?«

108

»Ach so«, sagt Fabian. »Das hab ich geträumt. Aber die Mama hat mir gar nicht richtig zugehört …«

»Entschuldigung«, murmelt die Mama. »Entschuldigung allseits rundherum.«

»Schon gut«, murmelt die Oma und geht mit müden Schritten hinaus.

Die Mama lehnt sich an den Papa und weint ein bißchen.

»Es ist ja nur, weil ich Angst gehabt hab, daß uns die Oma nicht mehr helfen kann, wenn sie heiratet …«

Fabian läßt den Dachs auf Mamas Schoß hüpfen.

»Du, Mama, wenn die Oma den Mario nimmt, wären sogar zwei da, die uns helfen! Die Oma und der Opa Mario!«

»Oh, so meinst du das, Fabian?«

»Ja! Die Christa hat mir schon lang geraten, ich soll mir den Mario zum Opa nehmen! Und die Anna ist bestimmt auch dafür.«

Er läuft ins Elternschlafzimmer, wo Anna in ihrem Babybett liegt.

»Hallo, Anna, magst du einen Opa?«

Anna sieht Fabians Gesicht über sich und lacht.

»Sie ist einverstanden!« ruft Fabian.

Auf dem Weihnachtsmarkt

Weil der Papa bei Anna zu Hause bleibt, kann die Mama mit Fabian auf den Weihnachtsmarkt gehen.

Sie kommen an dem Haus vorbei, in dem Ahmed wohnt, an dem Haus mit Marios Pizzeria. Ein Fenster ist mit Schneeflockensternen aus weißem Papier beklebt. Fabian zeigt hinauf. »Schau, Mama, so gut hat er mit meiner Lupe geforscht, der Ahmed! – Nehmen wir ihn mit zum Markt?«

»Na gut«, sagt die Mama. »Warum eigentlich nicht?« Ahmed hat Lust, und seine Mutter erlaubt ihm mitzugehen. Schnell zieht er Anorak und Stiefel an.

Noch bevor der Weihnachtsmarkt in Sicht kommt, kann man ihn riechen. Es duftet nach Tannengrün und heißem Punsch, nach Honigwaffeln und Kerzen. Die Buden stehen rund um den Dom und in allen Seitengassen und auf dem großen Platz zwischen Dom und Rathaus. Sie sind mit Reisiggirlanden und winzigen bunten Lichtern geschmückt. In der Mitte des Platzes ragt eine hohe Fichte gegen den dunklen Himmel. Davor ist eine kleine Holzbühne aufgebaut. Dort blasen junge Musiker auf Flöten und Klarinetten. Sie spielen »Stille Nacht« und »O Tannenbaum« und

»Maria durch ein Dornwald ging«. Ahmed ist wie verzaubert. Fabian nimmt ihn an der Hand und zieht ihn weiter.

Die Mama kauft ein paar Christbaumkugeln. An einer Bude gibt es Holzspielzeug: Pferdchen mit und ohne Reiter, winzige Schafe, Wiegen, Vögel, Puppen. Fabian wünscht sich einen kleinen Koch. »Und du, Ahmed?« fragt die Mama.

Erst traut er sich nicht, dann zeigt er auf einen daumenlangen Engel mit Trompete. Die Mama kauft die Figuren. »Und jetzt brauchen wir was Heißes zu trinken, nicht?«

Die Jungen nicken. Sie trinken Kinderpunsch, das ist heißer Tee mit Orangensaft. Auch die Mama trinkt Kinderpunsch.

»Prosit! Salute!« sagt ein Mann mit einem Christbaum links und einem Christbaum rechts unterm Arm. Er hat die Mütze tief ins Gesicht gerückt und seinen Mantelkragen hochgestellt.

Aber Fabian erkennt den Mann an seiner Stimme. »Hallo, Mario! Wieso brauchst du ZWEI Christbäume?«

»Einen für deine Oma, einen für die Pizzeria!« sagt Herr Mario. »Am Heiligen Abend kommen nämlich immer ein paar alte Leute zu mir essen, die sonst allein wären. Diesmal kommt auch die Frau Winkler.«

»Oh, und für dich selber hast du keinen Baum?«

»Nein.«

Die Mama schaut Marios Christbäume an. »Meine Mutter hat jahrelang keinen eigenen Baum mehr aufgestellt – «

»Heuer macht es ihr wieder Freude«, sagt Herr Mario.

»Bei uns ist die Bescherung ziemlich früh, so um fünf«, sagt die Mama. »Sie sind herzlich dazu eingeladen, Herr Mario, falls Sie Zeit haben.«

»Meine alten Gäste kommen erst um sieben«, sagt Herr Mario. »Wenn ich auf ein Stündchen dabeisein darf – danke, es ist mir eine Ehre.« Er verbeugt sich tief, die Christbäume verbeugen sich mit.

Fabian lacht, weil das so komisch aussieht. Gefällt es Ahmed auch? Warum lacht er nicht? Fabian dreht sich um.

»Der Ahmed ist weg!« ruft er.

Die Mama erschrickt. »Entsetzlich, wie finden wir ihn nun in dem Gewühl?«

»Ahmed, Ahmed!« schreit Fabian.

»Bleiben Sie da stehen!« sagt Herr Mario zur Mama. »Ich gehe einmal rundherum. Hat Ahmed irgend etwas besonders gut gefallen?«

»Das Holzspielzeug?« meint die Mama.

»Die Musik!« ruft Fabian.

Herr Mario und Fabian finden Ahmed vor der großen Fichte. Er schaut und hört den Bläsern zu.

Fabian muß ihn am Ärmel ziehen, so versunken
ist Ahmed in die Musik. Sie bringen ihn zur Mama
zurück. Die ist erleichtert und schimpft nicht, sie
fragt nur: »Hast du Musik so gern?«
Ahmed nickt. »Ich höre oft Kassetten. In der
Schule kann ich mir welche ausborgen. Aber ich
habe noch nie lebendige Musik gehört.«
»Dann nehmen wir uns noch ein bißchen Zeit
dafür«, sagt die Mama.
Zu viert stehen sie vor der Bläsergruppe. Im
Schein der weihnachtlichen Festbeleuchtung
schimmern die Instrumente. Fabian hört diesmal
ganz anders zu, er horcht vom Kopf bis zu den
Zehenspitzen. Wie Ahmed.

Besuch bei Andi

Fabian will Andi im Spital besuchen, noch vor Weihnachten, aber niemand hat Zeit, ihn hinzubringen. Die Oma bastelt Weihnachtsgeschenke für ihre Kinder. Der Papa ist von den vielen Vorweihnachtsfeiern müde. Die Mama backt Kekse. Und Herr Mario? Der hat so viele Vorweihnachtsfeiern von Betrieben und Geschäften in seiner Pizzeria, daß er von Mittag bis in die Nacht hinein vor dem Pizzaofen steht. Er ist so müde, daß er nur noch italienisch reden kann!

»Mamma mia!« seufzt Fabian.

»Ich besuche Andi in meinen Weihnachtsferien«, sagt die Oma. »Wenn du unbedingt jetzt hinwillst, mußt du dir eben etwas einfallen lassen!«

Im Kindergarten sind sie mit den Geschenken schon fertig. Sie haben Servietten mit Stempeln aus Kartoffeln und Korken bedruckt. Bunte Sternmuster, die den Eltern und Großeltern hoffentlich gefallen werden.

Fabian sagt zu Lore: »Ich habe einen Rollstuhlfreund, den Andi. Der kann nicht reden, nur mit einer Tratsch-Klatsch-Ratsch-Plapperkiste. Der ist jetzt im Spital. Ich will für ihn auch eine Serviette machen!«

Lore ist sofort dafür. Christa hilft Fabian. Im Nu ist die Serviette bedruckt, und Lore kann die Farben einbügeln.

»Jetzt muß ich mir was einfallen lassen«, sagt Fabian zu Christa. »Nämlich wie ich das Geschenk zum Andi bringe!«

»Ich möchte mit!« ruft Christa. »Nicht nur wegen Andi, auch wegen dieser Plapperkiste.«

»Bei mir hat keiner Zeit – «

»Und mein Opa?« fragt Christa. »Mein Opa ist der einzige in der Stadt, der immer Zeit hat.«

Sie darf mit Lores Hilfe den Opa anrufen. Er hat wirklich Zeit! Nun muß Fabian nur noch die Mama anrufen und ihr erklären, warum er heute viel später nach Hause kommt.

»Aha, aha«, sagt die Mama eilig, weil die nächste Keksfuhre schon aus dem Backherd soll. »Enorm, dieser Opa!«

Zu Mittag fahren Fabian und Christa mit Christas Opa ins Kinderspital.

Die Autobusse sind überfüllt. Der Opa muß das Päckchen mit dem Geschenk hoch über alle Köpfe halten, damit es nicht gedrückt wird. Lore hat die Serviette so wunderschön gebügelt und zusammengelegt und in Seidenpapier gewickelt!

Auf dem Flur vor Andis Zimmer geht es lustig zu: Alle kranken Kinder, die aus den Betten dürfen, bauen an einem Krippenberg. Auch Andi ist dabei. Er fährt mit seinem Rollstuhl hin und her und transportiert Schafe, Engel, Hirten, Steine, Moos, Tannenzapfen. Laut schreiend zeigt er auf die Stellen am Krippenberg, die noch kahl sind.

»Hallo, Andi!«

Andi kreischt vor Freude, als er Fabian und Christa entdeckt. Er sucht aus einer Schachtel eine Silberdistel und einen Glimmerstein hervor.

Nun dürfen Christa und Fabian ein bißchen mitbauen.

Aus Andis Zimmer ertönt auf einmal Geschrei. Ein kleiner Junge, der im Bett liegen muß, plärrt aus Leibeskräften: »Hilfe! Hilfe! Im Schrank ist ein

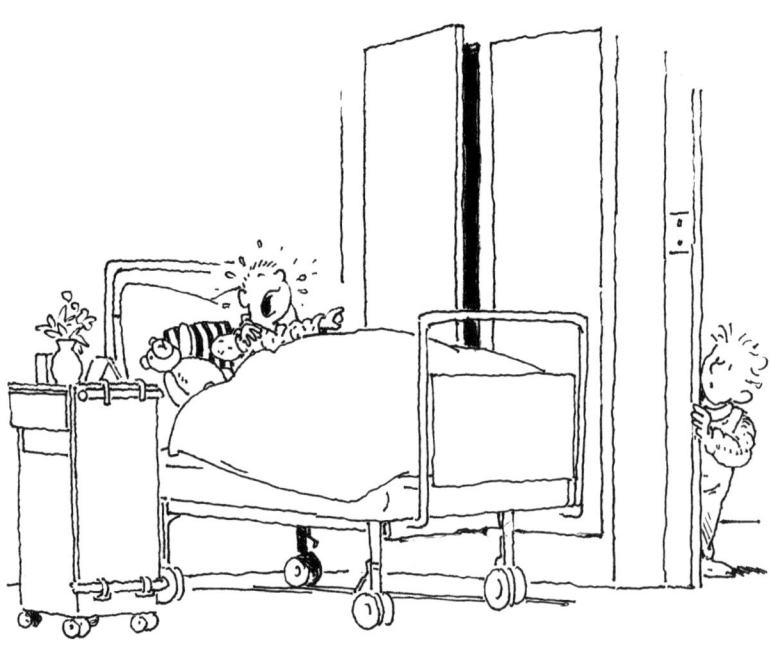

Geist!« Weinend drückt er auf die Klingel, die über seinem Kopf baumelt.

Fabian rennt in das Zimmer und horcht. Hinter den Türen eines weißen Schranks murmelt und brummelt es. Eine unheimliche Stimme schnarrt: »Bitte laden! Bitte laden!«

Fabian zittert.

Eine junge Krankenschwester kommt herein. Auch sie hört die Stimme.

Sie erschrickt. »Besser, ich hole gleich einen Arzt!«

An der Tür drängen sich die Kinder. Der Junge im Bett weint noch immer. »Da ist ein Räuber drin und will die Pistole laden!«

Christas Opa schiebt die Kinder zur Seite und geht zum Schrank.

»Bitte laden, bitte laden, bitte laden!« schnarrt es. Der Opa schmunzelt. Er öffnet den Schrank.

»Bitte laden, bitte laden«, tönt es laut.

Der Opa nimmt ein Kästchen heraus: Andis Plapperkiste!

Andi fährt mit seinem Rollstuhl herbei und lacht. Er deutet auf eine Steckdose neben seinem Bett. Der Opa wickelt das Kabel heraus und steckt es an. Die unheimliche Stimme verstummt.

Nun kommen im Laufschritt zwei Ärzte und ein Stationsgehilfe.

Christas Opa erklärt allen Kindern und Erwachsenen, daß die Batterie in Andis Plapperkiste neu geladen werden muß. Mit seiner künstlichen Stimme hat der Computer gewarnt, daß die Batterie bald leer wird.

»Na dann«, sagen die Ärzte.

Der Stationsgehilfe tröstet den kleinen Jungen. »Bestimmt erlaubt dir der Andi, einmal auf die Schimpftaste zu drücken!«

»Ich will das auch«, sagt Christa.

Fabian staunt, daß der Computer außer der Fabian-Stimme noch eine zweite, eigene hat. Aber der Opa meint, außer »Bitte laden« kann der Computer nichts von allein sagen.

Andi hat sein Geschenkpäckchen aufgewickelt und freut sich über die schöne Serviette. Er drückt auf eine Taste seines Computers. Er drückt sie drei-, viermal.

»Danke! Danke-danke-danke!« tönt es mit Fabians Stimme.

»Nicht wahr, da schaust du!« sagt Fabian zu Christa.

Die Weihnachtsgeschichte, wie der Papa sie an der Krippe vorliest

In jenen Tagen ging eine Verfügung von Kaiser Augustus aus, die ganze bewohnte Welt sei aufzuschreiben. Alle Menschen machten sich auf, ein jeder in seine Vaterstadt, um sich in die Listen eintragen zu lassen. Auch Josef wanderte aus der Stadt Nazaret im Lande Galiläa hinauf ins Land Judäa in die Stadt Betlehem. Denn von dorther stammte er, aus dem Geschlecht König Davids. Er mußte sich mit Maria, seiner Verlobten, aufschreiben lassen. Maria war schwanger.

Und während sie dort waren, in Betlehem, kam für Maria die Stunde der Geburt. Sie brachte ihren Sohn zur Welt, den Erstgeborenen, wickelte ihn in Windeln und legte ihn in einen Futtertrog. Denn in der Herberge, im Gasthaus, war kein Platz für sie.

In der Nähe der Stadt waren Hirten auf freiem Feld und hielten Nachtwache bei ihrer Herde. Da trat ein Engel des Herrn zu ihnen, und die Herrlichkeit Gottes strahlte rings um sie auf. Die Hirten fürchteten sich sehr. Der Engel sprach: »Fürchtet euch nicht! Denn frohe Botschaft bringe ich euch – große Freude für das ganze Volk!

Ein Retter ward euch heute geboren, der Messias, der Herr der Welt, drüben in Betlehem. Und daran sollt ihr ihn erkennen: Ihr werdet ein Neugeborenes finden, in Windeln gewickelt, in einem Futtertrog.«

Und plötzlich war da bei dem Engel eine Menge himmlischer Scharen, die lobte Gott und sang: »Ehre sei Gott in den Höhen! Und auf Erden Friede den Menschen, weil er sie liebt!«

Als die Engel in den Himmel zurückgekehrt waren, sagten die Hirten zueinander: »Gehen wir nach Betlehem hinüber, und schauen wir nach diesem Zeichen aus, das Gott uns kundgetan hat!«

Und eilig gingen sie hin und fanden Maria und Josef und das Neugeborene, wie es im Futtertrog lag. Da erzählten die Hirten, was ihnen über dieses Kind gesagt worden war, und lobten und priesen Gott.

Waldweihnacht

Die Futterkrippe lockt am Hang
mit Heu und Weizenkleie
für Hirsch und Reh.
Die Eule fliegt auf Mäusefang,
und viele Spuren gehn im Schnee.
Der Wintermond hängt in der Weide,
die Fichten ziehn in dunkler Reihe
den Wald entlang.
Am Himmel zieht mit Sternenschritt
der goldene Jäger Orion mit,
tut keinem was zuleide
mit seinen Pfeilen aus Licht.

In dieser Nacht fürchtet das Wild sich nicht.
Die Jäger sitzen satt zu Haus,
sie haben das Mahl genossen.
Der Braten war längst geschossen,
und ihre Vorratstruhn
sind voll für Wochen.
Nun
schüren sie Feuer im Kamin und schauen,
wie es tanzt mit roten und mit blauen Schuhn.
Der Hund nagt einen Knochen
vom Festtagsschmaus.

Der Fuchs hat den Duft gerochen
und geht auf Beute aus.

Bei seiner Lampe träumt noch ein Mann
und dichtet ein schönes Gedicht:
Es wird einmal eine Weihnacht sein,
da sitzen Jäger und Fuchs im Verein
vor der Krippe mit dem göttlichen Kind
und fangen zu singen an,
jeder auf seine Weise.
Und alles Wild stimmt mit ein.
Um die Eule in friedlichem Kreise
kauern die Mäuse und hören sie sagen,
daß Eulenträume aus uralten Tagen
in Erfüllung gegangen sind.

Am Heiligen Abend

An keinem anderen Tag gibt es zu Hause so viele Heimlichkeiten wie am 24. Dezember: Die Wohnzimmertür ist versperrt, der Schrank im Vorzimmer ist versperrt. Im Elternschlafzimmer raschelt es, und die Mama ruft: »Fabian, bitte, laß den Papa nicht herein!« In der Küche raschelt es, und der Papa ruft: »Fabian, bitte, laß die Mama nicht herein!«

Im Kinderzimmer hat Fabian seine Geschenke zurechtgelegt: die Sternservietten für die Eltern, eine Zeichnung für die Oma – Maria und Josef mit dem Jesuskind –, eine weitere Zeichnung für Anna – drei Engel, die den Mund weit offen haben, weil sie singen. Und für Mario einen Hirten mit Schafen. Das war die schwerste Arbeit. Der Hirt ist ein kleiner Holzkegel mit aufgemaltem Gesicht. Er trägt einen Wattebart, eine Filztüte als Hut und einen langen Filzumhang. Das alles war sehr schwierig aufzukleben. Aber erst die Schafe! Die bestehen aus weißen oder schwarzen Wollbommeln, haben Zahnstocherbeine und aufgeklebte Papiergesichter und leider keine Schwänzchen.

»Die Schwänzchen sind eben im dichten Zottelfell versteckt«, hat Lore gemeint, die Fabian gezeigt hat, wie man Bommel macht: Über zwei gelochte Kreise aus Karton wird die Wolle gewickelt, mit einer dicken Nadel, raus, rein, raus, rein. Dann schneidet man die Wolle am Kreisrand entlang auf und bindet sie zwischen den Kartonkreisen fest. Wenn man die Kreise abzieht, formt sich das Bällchen, ein toller Trick.

Fabian schaut seine Schafe an. Ist das Geschenk für Mario nicht schöner als das Geschenk für die Oma? Wird sie vielleicht traurig sein, wenn sie nur eine Zeichnung bekommt und Mario einen Hirten mit fünf Schafen?

Fabian rennt zur Mama ins Schlafzimmer. »Ich bin's! Laß mich rein! Du, Mama, können wir der Oma nicht noch schnell eine Weihnachtsferien-überraschungs-Schürze nähen?«

»Was für eine Schürze?«

»Na, so ähnlich wie die Adventschürze. Eine Tasche für jeden Ferientag, und in jeder Tasche eine kleine Überraschung.«

»Aha, aha, aha. Zum Beispiel die Konzertkarten für die Oma und den Herrn Mario, die könnten wir da hineintun. Warum kommst du mit so netten Ideen im letzten Moment?« fragt die Mama.

Fabian zuckt die Schultern. »Die Oma hat die Adventschürze auch im Nu gemacht – «

Die Mama zieht die Nähmaschine aus dem Schrank. »Na schön, vielleicht kann ich was zaubern … Der Papa soll sich kleine Überraschungen einfallen lassen, schnell! Und diese Schürze schenken wir beiden, der Oma und dem Herrn Mario!«

Der Papa ist entsetzt, daß er im letzten Moment noch was arbeiten soll, aber Fabian hilft ihm. Sie kleben das neueste Anna-Foto auf ein Lesezeichen, sie kleben das neueste Fabian-Foto auf einen Schlüsselanhänger. Papa schreibt ein uraltes Rezept für eine Hochzeitstorte aus einem uralten Kochbuch ab und schmunzelt sehr dabei. Fabian zeichnet einen Glücks-Marienkäfer für den Neujahrstag. Für den Silvesterabend findet der Papa in der untersten Küchenlade noch zwei Figuren zum Bleigießen, die vom letzten Mal übriggeblieben sind. Fabian zeichnet Blumen und Tiere auf kleine Zettel, und der Papa schreibt Sprüche dazu.

Die Anna plärrt, und Mama und Papa rufen wie aus einem Mund: »Was ist denn jetzt wieder los! Fabian, schau nach!«

Fabian kitzelt Anna am Hals, damit sie wieder lacht, und entdeckt dabei die erste wirklich merkbare Speckfalte an seiner Schwester.

Er ruft die Eltern herbei und sagt: »Das müssen wir feiern.«

Dann ist die Schürze fertig, die Anna trinkt an Mamas Brust, der Papa legt die Beine hoch und schlummert ein wenig.

Fabian sitzt in seinem Zimmer. Nur noch ein bißchen auf Weihnachten warten, ganz kurz, ganz schnell warten …
Er sieht die Kirschenzweige im blauen Krug. Die Knospen sind aufgesprungen! Zarte weiße Blüten schimmern im Licht der Lampe. Oh! Eine Hochzeit steht bevor!

Fabian nimmt die Zweige aus dem Krug und trägt sie zur Oma hinauf. Vor der Oma-Tür bleibt er stehen und horcht. Seltsam! Da singen zwei!

»Sti-i-lle Nacht, heilige Nacht«, singt Mario.

»Alles schläft – «, singt die Oma.

»Einsam wach – «, singt Mario.

»Wacht!« verbessert die Oma. »Das traute hochheilige Paar wacht, verstehst du?«

»Wacht, va bene. Aber was heißt TRAUTE?« fragt Mario.

Fabian hält den Atem an. Jetzt darf er nicht stören: Mario übt das Stille-Nacht-Lied!

Er wartet, wartet, wartet, bis Mario auch den Schluß geübt hat: Schlaf in himmlischer Ru-uh! Schlafe in himmlischer Ruh!

Nun drückt Fabian auf die Klingel.

Die Oma öffnet.

Fabian hält ihr die blühenden Zweige hin. »Da, die Knospen sind aufgegangen. Es wird eine Hochzeit geben!«

Die Oma dreht sich nach Mario um. »Du, er sagt, es wird eine Hochzeit geben!«

»Recht hat er, unser Fabian!« ruft Herr Mario.

»Darf ich endlich Opa Mario sagen?« fragt Fabian.

»Ja«, sagt die Oma.

Das Telefon klingelt, die Mama sagt, daß sie soeben ein zartes Glockenläuten aus dem Wohnzimmer vernommen hat …

»Das heißt«, erklärt Fabian dem Opa Mario, »daß der Papa den Christbaum fertiggeschmückt hat!« Zu dritt gehen sie hinunter.

Und dann vergißt Fabian alles, das Warten, die Geschenke, die Aufregung, alles! Er sieht nur die Kerzen am Christbaum brennen und die schimmernden Kugeln und Sterne, und vor dem Baum auf dem Boden die Weihnachtskrippe: Das Jesuskind liegt im Futtertrog, und Josef hält die Laterne hoch, damit Maria ihr Kind besser anschauen kann. Ochs und Esel stehen dabei, die Hirten und die Schafe. Über der Krippenhöhle glänzt ein goldgeschwänzter Stern.

Der Papa liest die Weihnachtsgeschichte vor, dann singen alle, auch Opa Mario, »Stille Nacht«. Anna schläft satt und friedlich an Papas Schulter, und die Oma wickelt mit ganz hohen, komischen, kleinen Freudenschreien die Oma-Opa-Ferienschürze aus.

»Ist es nicht richtig schön bei uns?« fragt Fabian.

Die Geschichte von den Heiligen Drei Königen, wie Opa Mario sie erzählt

Zur Zeit, als Maria und Josef nach Betlehem wanderten, lebten im Morgenland drei kluge Männer, die sich zum Lesen ein besonderes Buch ausgesucht hatten: den Sternenhimmel. Du wunderst dich? Doch, die lasen in den Sternen wie eine Oma in einem Bilderbuch. Sie fanden am Himmel alles, was sie wissen wollten: Geschichten von Göttern, Menschen und Tieren, Geschichten vom Säen und Ernten, Leben und Sterben, Kämpfen und Lieben. Und die Sternbilder, die wir den Großen und den Kleinen Wagen nennen, nannten sie »die Kamelmutter mit ihren Kindern«.

In einer Nacht nun, als einer der drei Sternkundigen auf dem flachen Dach seines Hauses saß und den Himmel beobachtete, sah er einen neuen großen Stern aufgehen. Der Weise – so nennt man einen Menschen, der viel weiß und noch mehr wissen möchte –, der Weise sprang auf und war ganz aufgeregt und rief: »Was bedeutet das? Was sagt uns dieser neue Stern?« Denn die Weisen, mußt du wissen, die Weisen sind der Meinung, daß alles, was da ist im Himmel und auf Erden, uns etwas sagen will. Er lief und holte sein weißes

Reitkamel aus dem Stall und ritt mitten in der Nacht zu seinen beiden Freunden, die auch Sternleser waren.

»Lauf, so schnell du kannst«, bat er das Kamel und tupfte seine Zehe ganz sanft in dessen Flanke.

»Mach ich«, antwortete das Kamel und lief geschwind. »Du aber lehne den Kopf zurück und schau dir diesen neuen Stern da oben an. Ist er nicht schön? Ein richtiger Königsstern, was?«

Der Weise erschrak und wäre beinahe vom Kamel gefallen. Noch nie hatte er sein Reittier sprechen gehört! »Bin ich verrückt geworden?« murmelte er.

»Aber nein! Du bist nur erstaunt, weil du meine Rede verstehst«, antwortete das Kamel. »Ich rede ja die ganze Zeit mit dir, wenn du meinst, ich brülle, gurgle und brummle vor mich hin. Und du hast dich auch immer redlich bemüht, meine Laute zu deuten. Aber heute ist eine besondere Nacht: Du verstehst mich, als spräche ich mit Menschenworten!«

Der Weise hatte sich von seinem Schreck erholt und fragte: »Du hast den neuen Stern gesehen, den Königsstern? Und was sagt er dir?«

»Ganz einfach«, meinte das Kamel. »Er sagt, daß heute der Herr des Lebens auf der Erde erschienen ist. Der Herr aller Welten und Geschöpfe, auf den wir in Sehnsucht gewartet haben.«

Nun waren sie beim Palast der anderen Sternleser angekommen, der Weise beriet sich mit seinen Freunden, und das weiße Kamel beriet sich mit den anderen Kamelen, einem sandfarbenen und einem braunen.

»Es riecht nach Reise«, sagte das sandfarbene.

»Zum neugeborenen König der Welt«, sagte das braune.

Auch sie hatten von der Koppel aus den neuen Stern gesehen.

Noch in derselben Nacht beschlossen die drei Weisen, das Kind zu suchen, dessen Geburt der Stern angekündigt hatte. Aus ihren Truhen holten sie Schätze hervor, Geschenke für das Kind: Gold, Weihrauch und Myrrhe. Gold, aus dem die Königskronen sind. Weihrauchkörner, die man zu Gottes Ehre verbrennt, daß der heilige Rauch in duftenden Wolken aufsteigt. Und Myrrhe, bitteres Harz vom Balsambaum, als Zeichen für die Vergänglichkeit des Menschen; mit Myrrhenöl wurden nämlich die Toten für das Begräbnis gesalbt. Diese Gaben wollten die Weisen dem Neugeborenen darbringen, denn es war alles in einem: König der Welt, Gott und sterblicher Mensch.

Sie sattelten und beluden ihre Kamele, und los ging die Reise, immer dem herrlichen Stern hinterher. Er führte sie über Berg und Tal, über Bäche und Flüsse, durch Wüstensand.

Ohne müde zu werden, liefen die Kamele durch den hartkörnigen Sand. Sie waren mit einer Handvoll Datteln zufrieden, mit dürrem Dornengeäst und salzigen Stachelpflanzen. Wenn der Sandsturm blies, klappten sie die Lider mit den langen Wimpern über die Augen, aber sie hörten nicht auf zu laufen.

»Nur Mut!« sagte das weiße Kamel zu seinem Reiter; aber seltsam, der hörte nur noch ein freundliches Brummeln und Schnauben, nicht mehr die klaren Worte wie in der besonderen, der heiligen Nacht. Trotzdem verstand er, wie gut das Tier es mit ihm meinte, und er strich ihm dankbar über das weiche, wollige Fell.

Nach vielen Tagen hatte die kleine Karawane das Land der Juden erreicht.

»Hier gibt es eine große, herrliche Stadt«, sagten die Weisen zueinander. »Und in der Stadt einen goldenen Königspalast. Bestimmt finden wir ihn dort, den neugeborenen Herrn der Welt.«

Schon sahen sie die Mauern der Stadt Jerusalem in der Sonne glänzen. Sie suchten sich einen Rastplatz, brachten den Tieren frisches Wasser und Futter, denn es war ein fruchtbares Land, und bauten ihre Zelte auf. Sie wollten ausgeruht sein, wenn sie vor das königliche Kind traten. Voller Vorfreude legten sie sich schlafen, und keiner von ihnen prüfte den Lauf der Sterne in dieser Nacht.

Die Kamele aber sahen zum Himmel auf und schnaubten unruhig.

»Seht doch«, brummelte das weiße Kamel. »Der Stern des Kindes steht nicht über dieser Stadt.«

»Er steht ein Stück weiter drüben«, sagte das sandfarbene.

»Ein Stündchen munter gelaufen, und wir wären dort!« rief das braune.

Am Morgen weigerten sich die Kamele, in die Stadt zu ziehen. Sie stampften und schrien, und als das nichts half, spuckten sie vor Ärger.

»He, Weiser, wo ist deine Weisheit geblieben?« schrie das weiße Kamel. »Lies doch die Sterne! Wo steht denn geschrieben, daß der Herr der Welt in einem Königshaus geboren werden muß? Sein Stern steht da drüben, über den Dörfern und Hirtenfeldern!«

Der Weise verstand nicht, was das Kamel ihm sagen wollte.

»Komm doch!« bat er sanft. »Sei friedlich! Bitte!«

»Was willst du machen!« sagte das sandfarbene Kamel. »Vielleicht hat der Glanz dieser Stadt sie geblendet. Sie werden schon merken, daß sie dort falsch sind!«

»Man lernt auch auf Umwegen«, seufzte das braune.

Geduldig trugen sie ihre Reiter in die Stadt hinein. Mit den gebogenen Hälsen, den weichen, überhängenden Oberlippen und den halbgeschlossenen Augen sahen sie aber alle ein bißchen gekränkt aus.

Die Leute in Jerusalem steckten die Köpfe zusammen. »Seht die vornehmen Reiter! Die sind vielleicht gar Könige aus dem Morgenland!«

Die Weisen gingen in den goldenen Palast des Königs Herodes und fragten nach dem neugeborenen Königskind.

Herodes erschrak. Immer fürchtete er, daß einer daherkommen und ihm den Thron und die Macht wegnehmen könnte. Er rief die Priester und Gelehrten seines Landes zusammen und befahl: »Forscht in den heiligen Büchern! Wo soll der Retter geboren werden, der Messias?«

Sie suchten und lasen in den Büchern, dann hatten sie die Antwort: »In Betlehem!«

»Was, in so einem Nest!« rief Herodes.

»Es ist die Stadt Davids, der Hirte und König war vor langer Zeit und sich zu Gottes Ehre die schönsten Lieder ausgedacht hat!« sagten die Priester.

Der König murrte, denn er hatte sich zu Ehren Gottes noch kein einziges Lied ausgedacht, nicht einmal eines gesungen. Er rief die Weisen und sagte: »Geht – und sucht in Betlehem nach dem neugeborenen Königskind. Und wenn ihr es gefunden habt, berichtet es mir. Denn auch ich will hingehen und es voll Ehrfurcht begrüßen!«

Das meinte er aber nicht ehrlich, o nein. Er wollte das Kind aus dem Weg schaffen, denn er hatte Angst um seine Königsmacht.

Über all dem Fragen, Grübeln, Lesen und Reden war der Tag vergangen. Es dunkelte schon, als die Weisen auf ihren Kamelen gegen Betlehem ritten. Die Kamele liefen schnell wie der Wind. Am Himmel strahlten die Sterne auf.

»Unser Stern, unser Stern!« riefen die Weisen und weinten vor Freude.

»Da ist er wieder!«

»Ja, ja, ja«, brummelten die Kamele und liefen noch schneller als der Wind.

Der Stern stand über einem armen Bretterdach, das den Eingang zu einer Höhle schützte. Windeln hingen an einer Leine, und über einem kleinen Herdfeuer stand ein Suppentopf.

»Hier sind wir richtig!« sagte das weiße Kamel und kniete nieder.

Denn aus der Höhle trat eine junge Frau mit einem Kind auf dem Arm.

»Josef, wir bekommen Besuch!« sagte sie.

Auch das sandfarbene und das braune Kamel fielen auf die Knie.

Die Weisen stiegen ab und begrüßten das Kind und die Eltern: Tief, ganz tief verneigten sie sich. Sie küßten dem Kind die winzigen Füße, und das Kind lachte, weil es kitzelte.

Dann packten die Weisen ihre Geschenke aus, Gold, Weihrauch und Myrrhe.

»Wie habt ihr uns gefunden?« fragte die Mutter des Kindes.

»Der Stern hat uns geführt«, sagten die Weisen. »Der Stern hat das Kind verkündet. Es wird der Herr der Welt sein, Frieden und Heil für die ganze Schöpfung.«

»Ja, ja, ja!« seufzten die Kamele.

»Ja, ja, ja«, zirpten die Grillen im Gras.

»Ja, ja, ja«, raschelte das Gras im Nachtwind.

»Dieses Kind ist nicht nur für die Menschen auf die Welt gekommen«, sagte das weiße Kamel, und die Augen wurden ihm feucht vor Tränen. »Auch für uns Tiere und unsere Geschwister, die Pflanzen. Alles, was atmet und lebt, wartet auf dieses Wunder. Es wird sein, als falle ein Schleier von den Augen. Wir werden einander als freie, herrliche Gotteskinder erkennen!«

Da trat die Mutter ganz nahe an die Kamele heran und hielt ihnen das Kind vor die Nasen. Das Kind streckte die Hand aus und berührte ganz sacht die Lippen der Kamele.

Noch vor Morgengrauen machten sich die Weisen auf den Heimweg. Sie wählten eine andere Reiseroute, denn im Traum hatte ein Engel sie vor Herodes gewarnt. Und während die Eltern mit dem Kind nach Ägypten flüchteten, liefen die

Kamele durch die Steinwüste nach Osten. Ab und
zu, bei einer kurzen Rast, rupften sie mit ihren
Schlabberlippen eine Stachelpflanze. Aber seltsam, die schmeckte nicht mehr salzig, sondern
süß – wie Honigkuchen.

»Ach ja«, sagte das weiße Kamel.

Josef Quadflieg (Text)
Renate Fuhrmann (Bilder)
Martin von Tours
36 Seiten, durchgehend vierfarbig,
Format 21 x 29 cm, Pappband,
ISBN 3-491-79434-X

Für Kinder ab 5 Jahren,
Bilderbuchfreunde jeden Alters

Ob uns der hl. Martin, der vor über 1 600 Jahren in Ungarn geboren wurde, heute noch etwas zu sagen hat? Kindern und Erwachsenen ist wohl kein anderer Heiliger so präsent wie Sankt Martin. Doch, nachgefragt, weiß man gewöhnlich von ihm nicht viel mehr, als daß er einst seinen Mantel mit dem Bettler geteilt hat.

Josef Quadflieg bringt - in seiner bewährten, für Kinder gut verständlichen Erzählweise - weitere Daten aus dem bewegten Leben in Erinnerung, die Martin zu einem der ganz großen Heiligen der Kirchengeschichte machen: Er weigert sich vor dem Kaiser, als Christ im Krieg die Waffe gegen andere zu erheben; er lebt als Mönch und Einsiedler helfend unter den wehrlosen Armen seiner Zeit; er gründet das erste christliche Kloster des Abendlandes.

Renate Fuhrmann hat diesen Text mit kunstvollen Bildern illustriert, die den Legendencharakter mancher Geschichte betonen. Ein eindrucksvolles Bilderbuch, mit dem sich Kinder ab 5 Jahren lange beschäftigen werden.

Josef Quadflieg (Text)
Renate Fuhrmann (Bilder)
Nikolaus von Myra
durchgehend vierfarbig illustriert,
32 Seiten, Pappband, Format 21 x 29 cm,
ISBN 3-491-79450-1

Für Kinder ab 5 Jahren,
Bilderbuchfreunde jeden Alters

Obwohl von Bischof Nikolaus eigentlich nur sicher ist, daß er gelebt hat, ist vieles über ihn in oftmals wirren Traditionen auf uns gekommen. Die liebenswertesten Nikolauslegenden werden von Josef Quadflieg gesammelt, ausgewählt und in seiner kindgemäßen Sprache neu erzählt und gedeutet. Aus dem Vorlese- und Lesebuch hat Renate Fuhrmann ein kunstvolles Bilderbuch gemacht. Sie erzählt gleichsam die Nikolauslegende ein zweites Mal für alle, die das Erzählte im Bild »mitlesen« wollen.